오픈아이

설민석의 초등
한국사 ❻

현대편

KB188717

우리 아이를 둔 학부모님께

사랑하는 우리 아이를 둔 아버님, 어머님 안녕하십니까.
우리의 역사를 보다 재미있고 쉽게, 널리 알리고자 노력하고 있는
설민석입니다.

그동안 초·중등 대상 학습 교재와 강의에 대한 많은 문의가 있었습니다.
오랫동안 시장 조사와 교재 및 강의를 연구한 끝에 설민석의 오픈아이
초등 한국사 시리즈로 인사드리게 되었습니다.

교과서는 물론, 시중의 학습 교재와 강의의 장단점을 철저히 분석하여
장점은 극대화하고 단점은 최소화하였습니다.
단순히 지식만을 담아 초·중등학교 시험 대비로 그치는 것이 아니라 실제
역사 속 인물에 공감하고 하나의 사건을 다양한 시각으로 볼 수 있는 단원도
따로 구성하였습니다. 역사 논술은 물론 삶의 지혜까지 담은 훌륭한 교재를
만들려고 노력하였습니다.

학습 만화, 소설, 강연 등을 통해 전달해 드렸던 재미와 감동을
이제는 초등 학습서와 강의로 전하고자 합니다.
설민석의 오픈아이 초등 한국사를 통해 우리 아이와 함께 밝은 미래를
그려나가겠습니다.

우리아이
오픈아이
단꿈아이

이 책의 구성과 특징

1

또 다른 모험의 시작

한국사 대모험 시리즈에 등장하는 인물을
통해 우리 한국사를 공부하는 이유를
애니메이션으로 표현한 코너입니다.
한국사 대모험을 통해 가슴에 의식을
담았다면, 설민석의 오픈아이 초등 한국사는
여러분의 머릿속에 지식을 담아줄 것입니다.

2

오픈아이

베스트셀러인 한국사 대모험 시리즈의
주인공들이 시간 여행을 떠나면서 단원별
핵심 주제와 관련된 일화를 애니메이션으로
표현하였습니다.
6컷 만화가 우리 아이의 흥미를 유발하여
공부를 재미있게 할 수 있도록 도와줍니다.
강의에서는 움직이는 무빙툰 영상으로
제작되어 찾아갑니다.

3

한판 정리

한판 정리는 초·중등 교육과정과 교과서, 한국사능력검정시험 기본편을 완벽하게 분석하여 단원별 핵심을 한눈에 볼 수 있도록 정리하였습니다.
초·중등 시험과 한국사능력검정시험에 최적화된 핵심 요약을 실제 설쌤의 강의와 함께 정리할 수 있습니다.

4

설쌤의 한국사 스토리텔링

설쌤의 강의를 들은 후 스스로 복습할 때 이해를 돕고자, 실제 설쌤의 강의를 줄글로 옮겨 두었습니다. 현행 교과서는 역사적 사실을 짧고 간결하게 서술하고 있습니다. 그래서 우리 아이가 학교 교과서로 공부할 때 이해하기 어려운 부분을 설민석의 오픈아이 초등 한국사에서 모두 풀어 설명해 드립니다. 실제 설쌤의 음성 지원 효과와 함께 학습할 수 있습니다.

5

자료보기

초·중등 교과서와 한국사능력검정시험에 나오는 자료 중 현행 교육과정에서 다루는 필수적인 자료를 수록하였습니다. 또한 우리 아이의 흥미를 높이고자 단원별 핵심 장면을 애니메이션 형식으로 넣었습니다. 단순히 자료를 확인하는 것이 아닌, 설쌤의 강의를 들으며 함께 살펴볼 수 있습니다.

개념 정리를 넘어 필수 자료까지 설민석의 오픈아이 초등 한국사를 통해 정리해 보세요.

6

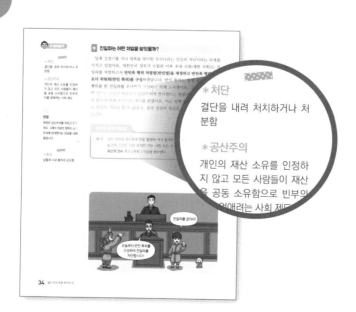

더 알아보기

한국사 공부를 어렵게 하는 생소한 단어에 대한 설명을 풀어서 설명해줍니다.

또한, 이해를 돕기 위한 추가 자료(역사적 사료, 사진 자료 등)를 수록하여 우리 아이가 학습하는 데 큰 도움을 줄 것입니다.

7

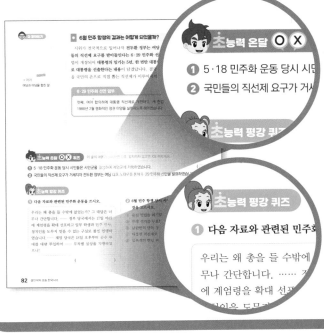

초능력 온달 O, X 퀴즈

초등학교·중학교 교육과정에 명시된 핵심 주제를 바탕으로, 실제 학교 시험에 나오는 중요한 포인트를 O, X 퀴즈 형식으로 제작하였습니다.

초능력 평강 퀴즈

초능력 평강 퀴즈는 실제 학교 시험 문제와 동일한 유형과 난이도로 제작하여, 우리 아이가 학교 시험을 대비할 수 있도록 도와줍니다.

8

초능력 Level up 문제

단원별 학습 내용을 바탕으로 자체 제작한 객관식, 주관식 문제를 풀어보며 개념을 되짚어 볼 수 있습니다.
또한, 실제 한국사능력검정시험, 대학수학능력시험문제를 풀어보며 시험에 대한 실전 감각을 높일 수 있도록 도와드립니다.

이 책의 구성과 특징

9

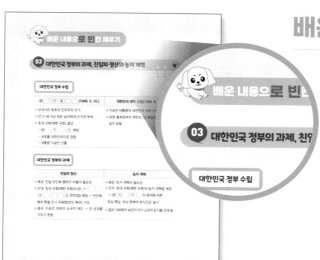

배운 내용으로 빈칸 채우기

대단원이 마무리될 때, 앞서 배운 핵심 개념에 대한 빈칸 채우기를 하며 내용을 되짚어 볼 수 있습니다.

단순히 읽고 끝나지 않도록, 머릿속에 지식을 채워 넣을 수 있는 복습의 기회를 제공해 드립니다.

10

설쌤의 지식 오픈!

배운 대단원과 관련된 인문학 지식을 소개하고 그와 관련된 생각을 자유롭게 적어볼 수 있습니다.

현행 교육과정에서는 알기 어려운 다양한 역사 관련 이야기가 수록되어 있습니다.

설쌤의 지식 오픈을 통해 우리 아이의 인문학적 지식을 넓혀 드립니다.

11

역사논술

지식의 습득도 중요하지만, 사고력을 높이는 것도 중요합니다.
역사논술 코너는 역사적 사실을 바탕으로 우리 아이의 생각을 논리적으로 서술할 수 있는 능력을 길러 줄 것입니다.

12

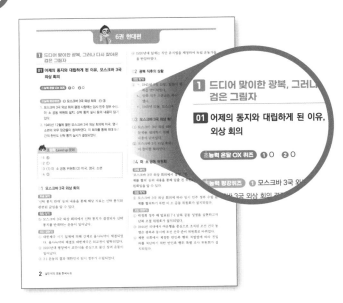

정답과 해설

퀴즈와 문제는 정답을 맞혔다고 하더라도 우리 아이가 정확하게 알고 풀었는지 한 번 더 확인해보아야 합니다.
친절한 해설을 통해 이해되지 않았던 부분도 완벽히 이해하여 내 것으로 만들 수 있도록 도와줍니다.

이 책의 차례

6권 현대편

1 드디어 맞이한 광복, 그러나 다시 찾아온 검은 그림자

01. 어제의 동지와 대립하게 된 이유,
    모스크바 3국 외상 회의 · 16

02. 분단을 막기 위한 노력,
    좌우 합작 운동과 남북 협상 · 22

03. 대한민국 정부의 과제, 친일파 청산과 농지 개혁 · 30

04. 동족상잔의 비극, 6·25 전쟁 · 38

2 민주화를 위한 노력, 독재 권력에 맞서 싸우다

05. 부정 선거 재실시하라! 4·19 혁명 · 52

06. 굴욕 외교 결사 반대! 한일 국교 정상화 · 60

07. 국민의 기본권을 제한하다, 유신 헌법 · 68

08. 민주화를 위해 흘린 피,
    5·18 민주화 운동과 6월 민주 항쟁 · 76

3 끝나지 않은 이야기, 민주화 발전과 평화 통일을 위한 노력

09. 최초의 평화적 정권 교체를 이루다 · 90

10. 다시 하나가 되기 위해, 통일을 위한 노력 · 96

정답과 해설

또 다른 모험의 시작

온달아! 6권 끝나면 시험보는 거 알지?

그럼! 지금까지는 완벽하다구!!

온달이는 잘할 수 있을거야!

너희들이 여긴 또 어쩐 일이냐?

아버지를 뵈러 왔어요. 아버지는 어디에 계신가요?

그게··· 사실 건강에 문제가 생겨서 병상에 계시단다.

네? 정말요?? 많이 편찮으신가요?

아버지께 가봐야 겠어요!

아버지! 괜찮으세요?

우리 딸··· 평강아··· 나는 견딜 만하단다. 잘 다녀왔느냐?

저희는 잘 다녀 왔어요! 그동안 무슨 일이 있었나요?

백성들이 편안한 나라를 만들기 위해 밤낮없이 고민하다 보니 과로를 한 듯하구나.

왕께서 백성들을 지나치게 생각하고 계십니다. 꼭 그럴 필요는 없으니 건강부터 챙기시지요.

잠깐만요! 백성들을 지나치게 생각하는 게 잘못된 건가요? 백성이 있어야 이 나라도 있는 거 아닌가요?

온달아! 너는 왕의 사위가 되기엔 멀었구나! 왕이 있어야 백성도 있는 법이지!

말도 안돼! 설쌤! 저 말이 맞는 건가요?

서로 생각은 다를 수 있지. 그렇지만 난 온달이가 더 옳다고 봐.

설쌤! 저도요!

나도 같은 생각이오. 설 박사, 온달이가 백성을 위할 줄 아는 지도자가 될 수 있도록 옆에서 잘 도와주시오.

물론입니다. 그렇게 하겠습니다!

네! 설쌤!

설쌤과 함께라면 이번에도 우린 승리할 거예요!

얘들아~! 준비되었니?

1 " 드디어 맞이한 광복, 그러나 다시 찾아온 검은 그림자 "

01 어제의 동지와 대립하게 된 이유, 모스크바 3국 외상 회의

#광복 #모스크바 3국 외상 회의 #미·소 공동 위원회

02 분단을 막기 위한 노력, 좌우 합작 운동과 남북 협상

#정읍 발언 #김규식 #여운형 #좌우 합작 위원회

#남북 협상

03 대한민국 정부의 과제, 친일파 청산과 농지 개혁

#5·10 총선거 #제헌 국회 #반민족 행위 처벌법 #농지 개혁법

04 동족상잔의 비극, 6·25 전쟁

#애치슨 선언 #인천 상륙 작전 #1·4 후퇴 #정전 협정

1945년 8월   1945년 12월

8·15 광복   모스크바 3국 외상 회의

오픈아이

한판 정리

광복 직후의 상황

광복 (1945. 8. 15.)	모스크바 3국 외상 회의 (1945. 12.)	제1차 미·소 공동 위원회 (1946. 3.)
광복 직후 북위 38도선을 경계로 미국(38도선 이남), 소련(38도선 이북)이 주둔	• 미국, 영국, 소련 참여 • 결정 사항 - 임시 정부 수립 - 미·소 공동 위원회 설치 - 최대 5년간 신탁 통치 : 좌익(반대 → 찬성) vs 우익(반대)	• 덕수궁 석조전에서 개최 • 두 나라의 의견이 달라 합의 실패

광복 직후의 상황에 대해 알아봅시다.

 더 알아보기

***투하**
던져 아래로 떨어뜨림

✱ 우리나라는 어떻게 광복이 되었을까?

1945년에 드디어 제2차 세계 대전의 끝이 보이기 시작했어요. 5월에 전쟁을 일으켰던 독일이 연합군에 항복하였고, 7월에는 연합국이 일본에 무조건 항복을 요구했어요. 연합군의 항복 요구를 일본이 받아들이지 않자 미국은 전쟁을 끝내기 위해 핵무기인 원자폭탄을 일본의 나가사키와 히로시마에 투하*했어요. 두 도시는 잿더미로 변해버렸고, 충격과 공포에 빠진 일본의 지도자들은 결국 항복하게 됩니다. 그 결과 1945년 8월 15일, **우리나라는 광복을 맞이**했답니다.

그러나 광복의 기쁨도 잠시, **북위 38도선을 기준**으로 남과 북이 나뉘게 됐습니다. 그 이유는 **미국과 소련이 북위 38도선을 경계로 북쪽에는 소련군이, 남쪽에는 미군이 주둔하기로 광복 이전에 합의**했었기 때문이에요. 실제로 해방을 맞이한 8월에 소련군이 북위 38도선을 점령하였고, 9월에는 미국군이 38도선 이남을 점령하였습니다. 광복만 되면 모든 것이 해결될 것 같았지만 새로운 문제에 직면한 우리나라, 과연 우리나라의 운명은 앞으로 어떻게 될까요?

소련과 미국이 한반도를 나누어 통치하기 시작했어!

✳ 모스크바 3국 외상 회의는 우리나라에 어떤 영향을 미쳤을까?

더 알아보기

1945년 12월 미국, 소련, 영국의 외무 장관들이 우리나라의 문제를 어떻게 해결할지 논의하기 위해 모스크바에 모였어요. 이를 **모스크바 3국 외상 회의**라 불러요. 약 10일간 논의가 지속된 결과 한반도 문제를 해결하기 위한 결정 사항이 나왔어요. **결정 사항에는 한반도에 임시 민주 정부를 수립하고, 임시 민주 정부 수립을 지원할 미·소 공동 위원회 설치, 최대 5년간 신탁 통치를 실시**한다는 내용이 담겨 있었어요.

결정 사항이 발표되자 엄청난 의견 차이가 발생했습니다. 당시 **김구, 이승만 등 우익 세력은 신탁 통치를 비판하며 반대 운동**을 펼쳤어요. **좌익 세력은 처음에는 신탁 통치를 반대했지만 점차 신탁 통치를 독립을 위한 지원 방안으로 받아들여 모스크바 3국 외상 회의의 결정을 지지**했습니다. 신탁 통치 문제를 둘러싸고 좌익 세력과 우익 세력은 격렬하게 대립했어요.

✳신탁 통치

정치적 혼란이 우려되는 지역에 대해 안정적인 정치 질서를 수립하고자 몇몇 나라에 통치 권한을 맡기고 대신 통치하도록 함

✳격렬

말이나 행동이 사나움

모스크바 3국 외상 회의 결정 내용

1. 한국의 독립을 위해 임시 민주 정부를 수립한다.
2. 임시 정부 수립을 위해 미·소 공동 위원회를 설치하고 한국의 정당 및 사회단체와 협의한다.
3. 미·소 공동 위원회의 제안은 조선 임시 정부와 협의 후 5년 이내를 기한으로 하는 조선에 대한 4개국 신탁 통치의 협정을 작성하기 위해 미국·소련·영국·중국 각국 정부의 공동 심의를 받아야 한다.

*선정
여럿 가운데서 어떤 것을 뽑아 정함

*결렬
회의에서 의견이 합쳐지지 않아 각각 갈라서게 됨

✳ 제1차 미·소 공동 위원회는 어떻게 진행되었을까?

모스크바 3국 외상 회의의 결정 사항에 따라 **제1차 미·소 공동 위원회가 서울 덕수궁 석조전에서 개최**되었어요. 그런데 임시 민주 정부 수립에 참여할 정치 단체를 선정*하던 중 문제가 발생했어요. 소련은 신탁 통치에 찬성하는 정치 단체만 참여시키려고 한 반면, 미국은 신탁 통치를 반대하는 세력까지 포함시키자고 주장하면서 의견 대립이 발생한 거예요. **미국과 소련은 의견 차이를 좁히지 못했고, 결국 제1차 미·소 공동 위원회는 결렬**되고 말았어요. 광복 이후 1년이 다 되어 가지만 한반도에는 아직 우리의 정부가 없는 상황인데요. 한반도는 앞으로 어떻게 될까요?

 **초능력 온달 O X 퀴즈** 이 글의 내용과 일치하면 O표, 일치하지 않으면 X표 해보세요.

❶ 모스크바 3국 외상 회의의 결정 사항에 따라 제1차 미·소 공동 위원회가 개최되었습니다. (O , X)

❷ 모스크바 3국 외상 회의에서 신탁 통치안이 결정되었습니다. (O , X)

초능력 평강 퀴즈

❶ 다음 내용이 결정된 회의의 이름을 쓰시오.

> • 임시 민주 정부를 수립한다.
> • 미·소 공동 위원회를 설치한다.
> • 최대 5년간 신탁 통치를 실시한다.

( )

❷ 밑줄 친 '회의'에서 결정된 내용으로 옳은 것을 고르시오. ( )

> 일제가 항복하자 1945년 12월 미국, 영국, 소련의 외무 장관들이 모스크바에서 회의를 열어 한반도 문제를 어떻게 처리할 것인지 결정하였다.

① 신분제를 폐지할 것
② 한반도를 중립국으로 만들 것
③ 최대 5년간 신탁 통치를 할 것
④ 남한만의 단독 정부를 수립할 것
⑤ 한글 맞춤법 통일안을 제정할 것

⊙ 정답과 해설 2쪽

초능력 Level up 문제

정답과 해설 2쪽

우리학교 객관식 문제

01 다음 주장이 나타나게 된 원인으로 옳은 것은?

> 〈신탁 통치 반대 국민 총동원 시위 대회 선언문〉
> 3천만의 모든 힘을 발휘하여 신탁 관리제를 배격하는 국민운동을 전개하여 완전한 자주독립을 이루는 날까지 3천만 전 민족의 최후의 피 한 방울까지라도 흘려서 싸우는 항쟁 개시를 선언한다.

① 을사늑약이 체결되었다.
② 물산 장려 운동이 일어났다.
③ 대한민국 임시 정부가 수립되었다.
④ 일제가 치안 유지법을 제정하였다.
⑤ 모스크바 3국 외상 회의가 개최되었다.

02 〈보기〉의 사실을 순서대로 바르게 나열한 것은?

> ┤ 보기 ├
> ㄱ. 8·15 광복
> ㄴ. 소련군의 38도선 이북 점령
> ㄷ. 모스크바 3국 외상 회의 개최

① ㄱ - ㄴ - ㄷ
② ㄱ - ㄷ - ㄴ
③ ㄴ - ㄱ - ㄷ
④ ㄷ - ㄱ - ㄴ
⑤ ㄷ - ㄴ - ㄱ

우리학교 주관식 문제

03 다음 글을 읽고 물음에 답하시오.

> 〈모스크바 3국 외상 회의 결정 사항〉
> 1. 한국의 독립을 위해 임시 민주 정부를 수립한다.
> 2. 임시 정부 수립을 위해 (㉠)을/를 설치하고 한국의 정당 및 사회단체와 협의한다.

1) ㉠에 들어갈 단어를 쓰시오.
  (   )
2) 밑줄 친 '3국'에 해당하는 나라를 쓰시오.
  (   )

한국사능력검정시험

04 밑줄 그은 '위원회'로 옳은 것은?
기본 48회

이곳 덕수궁 석조전에서는 모스크바 3국 외상 회의에서 결정된 한반도의 임시 민주 정부 수립 문제를 협의하기 위해 위원회가 열렸습니다.

① 남북 조절 위원회
② 미·소 공동 위원회
③ 조선 건국 준비 위원회
④ 반민족 행위 특별 조사 위원회

설쌤! 신탁 통치 때문에 좌익과 우익이 대립해서 슬퍼요…

이대로 서로 멀어지는 건가요?

좌우를 합치려는 노력도 있었어.

설쌤! 저분은 누구신가요?

광복 이후 행복한 세상이 열릴 줄 알았는데 좌우의 대립이라니…

저분은 김규식 선생님이야!

로빈아! 이리 줘! 어서!

저 둘도 하나 되지 못하고 서로 대립하는 것이 우리나라의 상황과 똑같구나…

선생님! 현재 좌익과 우익이 대립하고 있어서 걱정이 많으시죠?

그렇소… 얼마 전 남한만의 단독 정부를 수립하자는 발언이 발표되어 난리가 났소. 이를 막을 좋은 방법이 없을지 고민 중이오.

왜 서로 가지려고 싸우고 그래? 의견을 합쳐서 번갈아 사용하면 되잖아!

아하! 좌익과 우익도 서로 의견을 합치려는 운동을 전개하면 좋겠군!

그대들 덕분에 좋은 생각이 났소! 나는 지금부터 좌익과 우익을 합치려는 좌우 합작 운동을 전개하겠소! 고맙소!

네, 선생님! 좋은 생각이십니다! 그럼 이만 저희는 가보겠습니다!

★ 좌우 합작 운동의 전개

이승만의 정읍 발언	좌우 합작 운동
남한만의 단독 정부 수립 주장	• 배경: 이승만의 정읍 발언 • 주도: 중도파(김규식, 여운형) • 전개: 좌우 합작 위원회 결성 → 좌우 합작 7원칙 발표 • 결과: 실패 – 좌우 대표 세력 불참 – 여운형 암살

분단을 막기 위해 좌익과 우익이 함께 힘을 합쳐야 합니다!

과연 한반도의 운명은?

여운형　김규식

한판 정리

 남북 협상의 추진

유엔의 남한 단독 선거 결정	남북 협상
① 미국: 한국 문제를 유엔에 넘김 → ② 유엔 총회: 인구 비례에 의한 남북한 총선거 결정, 유엔 한국 임시 위원단 파견 → ③ 소련의 위원단 입북 거부 → ④ 유엔 소총회: 선거가 가능한 지역에서만 총선거 실시 결정	• 배경: 남한만의 단독 선거 결정 • 주도: 김구, 김규식 • 내용: 남한의 단독 선거 반대 • 결과: 큰 성과를 거두지 못함 → 예정대로 남한에서 총선거 시행

설쌤의 한국사 스토리텔링

좌우 합작 운동에 대해 알아봅시다.

✱ 이승만의 정읍 발언에는 어떤 내용이 담겨 있을까?

좌익 세력과 우익 세력의 대립이 심해지고 제1차 미·소 공동 위원회마저 결렬되자, **이승만**은 통일 정부 수립이 어려운 상황이라면 **남한만이라도 임시 정부를 수립하자는** 정읍 발언을 발표하였어요. 당시 정읍 발언은 큰 반향을 불러일으키게 되는데요. 어떤 일이 일어났을까요?

이승만의 정읍 발언

이제 우리는 무기 휴회[✱]된 미·소 공동 위원회가 다시 열릴 기색도 보이지 않으며, 통일 정부를 고대하나 여의치 않게 되었다. 우리는 남방만이라도 임시 정부 또는 위원회 같은 것을 조직하여 38도선 이북에서 소련이 물러나도록 세계 여론에 호소해야 될 것이니, 여러분도 결심해야 할 것이다.

더 알아보기

✱**반향**
어떤 사건이나 발표 등이 세상에 영향을 미치어 일어나는 반응

✱**휴회**
하던 회의를 멈추고 잠깐 쉼

정읍 발언
이승만이 남한만의 단독 정부 수립을 주장한 정읍 발언은 전라도 정읍에서 발표해서 정읍 발언이라고 해요.

* **중도파**
어느 한쪽으로 치우지지 아니
하고 그 중간을 따르는 무리

* **속개**
잠시 중단되었던 회의를 다시
계속하여 엶

✱ 좌우 합작 운동은 어떻게 전개되었을까?

이승만의 정읍 발언이 발표된 직후 **김규식과 여운형 등 중도파** 세력은 한반도 통일 정부 수립을 위해 좌우 합작 운동을 추진하였어요. 좌우 합작 운동 당시 결성된 **좌우 합작 위원회**는 좌익 세력과 우익 세력의 의견을 반영한 **좌우 합작 7원칙**을 발표하였어요. 여기에는 임시 민주 정부 수립과 미·소 공동 위원회를 다시 개최하라는 내용이 담겨 있었답니다. 이러한 중도파의 노력에도 불구하고 좌우 합작 운동은 끝내 실패하고 말았어요. 그 이유는 좌우의 대표 세력이 참여하지 않아 좌우 합작 위원회가 큰 영향력을 가질 수 없었고, 좌우 합작 운동을 주도하던 여운형이 암살되었기 때문이에요.

좌우 합작 7원칙

1. 남북을 통한 좌우 합작으로 민주주의 임시 정부를 수립할 것
2. 미·소 공동 위원회의 속개를 요청하는 공동 성명을 발표할 것

설쌤의 한국사 스토리텔링

남북 협상에 대해 알아봅시다.

더 알아보기

✱ 왜 유엔이 남한의 단독 선거를 결정하였을까?

제1차 미·소 공동 위원회가 결렬된 지 1년여 후 제2차 미·소 공동 위원회가 개최되었으나 여전히 미국과 소련은 의견 차이를 좁히지 못하고 결렬되었어요. 미·소 공동 위원회에서 합의가 어렵다고 판단한 **미국이 한국 문제를 유엔에 넘김으로써 유엔 총회가 열렸어요. 유엔 총회에서 인구 비례에 의한 남북한 총선거를 통해 한국 정부를 수립하기로 결정**하였고, 이를 관리 **감독하기 위한 유엔 한국 임시 위원단을 38도선 이남과 이북에 파견**했어요.

38도선 이남에서는 유엔 한국 임시 위원단을 반갑게 맞이했지만 38도선 이북에서는 소련이 위원단의 입북을 거부했어요. 그 이유는 이대로 선거가 열리게 되면 38도선 이남에서 더 많은 사람들이 대표자로 선출되어 자신들의 영향력이 줄어들까 우려했기 때문이에요. 이러한 문제점 때문에 **유엔은 소총회를 열어 선거가 가능한 지역에서만 총선거를 실시하도록 결정**하였답니다.

✱유엔
전쟁 방지와 평화 유지를 위해 설립된 국제기구

✱입북
북쪽으로 들어감

✱선출
여럿 가운데 골라냄

✱우려
근심하거나 걱정함

*읍고
눈물을 흘리면서 어떤 사실을 알리거나 말함

*일신
자기 한 몸, 몸 전체

*안일
편안하고 한가로움. 또는 편안함만을 누리려는 태도

✱ 남북 협상은 왜 추진되었을까?

유엔 소총회의 결정에 따라 남한만의 단독 선거가 결정되자 **김구는 이에 반대하는 '삼천만 동포에게 읍고함'을 발표**했어요. 또한 **김구는 김규식 등과 함께 단독 선거를 막고 통일 정부를 수립하기 위해 38도선 이북의 대표자들과 남북 협상을 추진**했어요. 그리하여 김구와 김규식은 남북 협상을 위해 평양을 방문했답니다. 남북 협상을 통해 북측 대표자들과 남한의 단독 선거에 반대하는 공동 성명을 발표했지만, 남한에서 총선거가 예정대로 실시되면서 큰 성과를 거두지 못했어요.

김구의 '삼천만 동포에게 읍고함'

나는 통일된 조국을 건설하려다가 38도선을 베고 쓰러질지언정 일신에 구차한 안일을 취하여 단독 정부를 세우는 데는 협력하지 아니하겠다.

초능력 온달 ⭕❌ 퀴즈 이 글의 내용과 일치하면 O표, 일치하지 않으면 X표 해보세요.

❶ 김규식·여운형 등 중도파는 이승만의 정읍 발언에 반대하며 좌우 합작 운동을 전개하였습니다. (⭕ , ❌)

❷ 유엔 총회의 결정에 소련은 적극 찬성하였습니다. (⭕ , ❌)

 **초능력 평강 퀴즈**

❶ 밑줄 친 '나'에 해당하는 인물을 쓰시오.

〈삼천만 동포에게 읍고함〉
나는 통일된 조국을 건설하려다가 38도선을 베고 쓰러질지언정 일신에 구차한 안일을 취하여 단독 정부를 세우는 데는 협력하지 아니하겠다.

( )

❷ 다음 중 좌우 합작 운동에 대한 설명으로 옳은 것은?

( )

① 대한매일신보의 지원을 받았다.
② 김규식 등 중도파가 주도하였다.
③ 평양에서 시작되어 전국적으로 확산되었다.
④ 신간회가 진상 조사단을 파견하여 지원하였다.
⑤ 대한민국 임시 정부가 수립되는 계기가 되었다.

🎯 정답과 해설 3쪽

초능력 Level up 문제

정답과 해설 3쪽

우리학교 객관식 문제

01 다음 자료의 내용을 발표한 인물로 옳은 것은?

〈정읍 발언〉

이제 우리는 무기 휴회된 미·소 공동 위원회가 다시 열릴 기색도 보이지 않으며, 통일 정부를 고대하나 여의치 않게 되었다. 우리는 남방만이라도 임시 정부 또는 위원회 같은 것을 조직하여 38도선 이북에서 소련이 물러나도록 세계 여론에 호소해야 될 것이니, 여러분도 결심해야 할 것이다.

① 김구
② 김규식
③ 이승만
④ 여운형
⑤ 박은식

02 〈보기〉의 사실을 순서대로 바르게 나열한 것은?

보기
ㄱ. 이승만의 정읍 발언
ㄴ. 좌우 합작 위원회 결성
ㄷ. 유엔 총회의 인구 비례에 의한 남북한 총선거 결정
ㄹ. 남북 협상

① ㄱ - ㄴ - ㄷ - ㄹ
② ㄱ - ㄷ - ㄹ - ㄴ
③ ㄴ - ㄱ - ㄹ - ㄷ
④ ㄴ - ㄹ - ㄱ - ㄷ
⑤ ㄷ - ㄴ - ㄱ - ㄹ

우리학교 주관식 문제

03 다음 글을 읽고 물음에 답하시오.

이승만의 정읍 발언이 발표된 직후 김규식과 여운형 등 중도파 세력은 한반도 통일 정부 수립을 위해 (㉠)을/를 추진하였어요

1) ㉠에 들어갈 용어를 쓰시오.
(   )
2) ㉠이/가 실패한 이유를 쓰시오.
(   )

한국사능력검정시험

04 다음 성명서가 발표된 이후의 사실로 옳은 것은?

기본 60회

김구, 삼천만 동포에게 읍고함

나는 통일된 조국을 건설하려다 38선을 베고 쓰러질지언정, 일신의 구차한 안일을 위하여 단독 정부를 세우는 데는 협력하지 않겠다.

① 한인 애국단이 결성되었다.
② 제1차 미소 공동 위원회가 열렸다.
③ 평양에서 남북 협상이 진행되었다.
④ 모스크바 3국 외상 회의가 개최되었다.

오픈아이

한판 정리

 대한민국 정부 수립

5 · 10 총선거(1948. 5. 10.)	대한민국 정부 수립(1948. 8. 15.)

• 우리나라 최초의 민주주의 선거
• 만 21세 이상 모든 남녀에게 선거권 부여
• 초대 국회(제헌 국회) 결성
     – 제헌 헌법 제정
     – 국호를 대한민국으로 정함
     – 대통령 이승만, 부통령 이시영 선출
	• 이승만 대통령의 대한민국 정부 수립 공포
	• 유엔 총회로부터 한반도 내 유일한 합법 정부로
	    승인받음
	※ 조선 민주주의 인민 공화국 수립(1948. 9. 9.)

국민들이 뽑는 우리나라 첫 국회 의원 선거

한판 정리

친일파 청산과 농지 개혁

친일파 청산	농지 개혁
• 배경: 친일 반민족 행위자 처벌의 필요성	• 배경: 토지 개혁의 필요성
• 전개: 초대 국회(제헌 국회)의 반민족 행위 처벌법 제정 → 반민족 행위 특별 조사 위원회(반민 특위) 구성	• 전개: 초대 국회(제헌 국회)의 농지 개혁법 제정 → 경자유전의 원칙에 따라 유상 매입·유상 분배 방식으로 실시
• 결과: 이승만 정부의 소극적 태도 → 큰 성과를 거두지 못함	• 결과: 대부분의 농민이 자기 소유의 토지를 갖게 됨

대한민국 정부의 수립과 과제에 대해 알아봅시다.

✱ 5·10 총선거는 어떤 선거일까?

1948년 5월 10일, 유엔 한국 임시 위원단의 감시 아래 **우리나라 최초의 민주주의 선거인 5·10 총선거**가 실시됐어요. 당시 만 21세 이상 모든 남녀에게 선거권을 부여하고 선거를 통해 국회 의원을 선출했답니다. **이때 선출된 국회 의원들로 구성된 국회를 '초대 국회'**라고 불러요. 참고로 **초대 국회는 7월 17일에 우리나라 최초의 헌법인 제헌 헌법을 제정하였기 때문에 '제헌 국회'라고도 불립니다.** 초대 국회(제헌 국회)는 우리나라의 국호를 '대한민국'으로 정하고 제헌 헌법에 적힌 절차에 따라 이승만을 대통령, 이시영을 부통령으로 선출했어요. 이처럼 국회의원들이 대통령 등을 선출하는 방식을 간접 선거(간선제)라고 부릅니다.

▲ 5·10 총선거 포스터

제헌 헌법 조항

제1조   대한민국은 민주 공화국이다.
제2조   대한민국의 주권은 국민에게 있고 모든 권력은 국민으로부터 나온다.

간선제와 직선제

국회 의원이 대통령을 선출하는 방식을 간선제라고 한다면 직선제는 국민이 직접 대통령을 선출하는 방식을 말해요.

✱ 대한민국 정부는 어떻게 수립되었을까?

초대 국회(제헌 국회)에 의해 **대통령으로 선출된 이승만은 나라를 이끌어 갈 행정부를 구성하고 1948년 8월 15일 대한민국 정부 수립을 선포했어요.** 그리고 1948년 12월, 유엔 총회는 대한민국 정부를 한반도 내에서 유일한 합법 정부로 승인하였습니다. 여기서 한반도 내에서 유일한 합법 정부라는 말은 북한 때문에 나오게 되었어요. 1948년 9월 9일 38도선 이북에서 조선 민주주의 인민 공화국(북한)이 수립되었지만, 유엔 총회는 조선 민주주의 인민 공화국을 합법적인 정부로 인정하지 않았지요.

＊ 친일파는 어떤 처벌을 받았을까?

일제 강점기를 지나 광복을 맞이한 우리나라는 친일파 처단이라는 과제를 가지고 있었어요. 대한민국 정부가 수립된 이후 초대 국회(제헌 국회)는 친일파를 처벌하고자 **반민족 행위 처벌법(반민법)을 제정하고 반민족 행위 특별 조사 위원회(반민 특위)를 구성**하였답니다. 반민 특위는 일제 강점기에 친일 행위를 한 친일파를 조사하여 처단하기 위해 노력했어요. 그러나 당시 이승만 정부는 친일파 처단보다 공산주의에 반대한다는 반공을 내세우며 반민 특위 활동에 대해 소극적인 태도를 보였어요. 이로 인해 반민 특위는 적극적으로 친일파 처단을 할 수 없었고, 결국 친일파 청산은 큰 성과를 거두지 못했답니다.

반민족 행위 처벌법

제1조 일본 정부와 통모하여 한일 합병에 적극 협력한 자, 한국의 주권을 침해하는 조약에 조인한 자와 모의한 자는 사형 또는 무기 징역에 처하고 그 재산과 유산의 전부 혹은 2분의 1 이상을 몰수한다.

* 농지 개혁은 어떻게 이루어졌을까?

오래전부터 농민들은 자기 소유의 땅을 소유하기를 원하고 있었어요. 이러한 농민들의 요구를 받아들여 대한민국 정부 수립 이후 **초대 국회(제헌 국회)는 농지 개혁법을 제정**했어요. **농지 개혁**은 농사를 짓는 사람만이 땅을 소유할 수 있다는 **경자유전의 원칙**을 내세웠고, 정부가 땅을 사서 돈을 받고 **분배(유상 매입·유상 분배)하는 형태로 진행**되었어요. 이처럼 농지 개혁이 실시되어 대부분의 농민들은 자기 소유의 토지를 가지게 되었답니다.

농지 개혁법

제5조 정부는 다음에 의하여 농지를 취득한다.
2. 다음 농지는 적당한 보상으로 정부가 매수한다.
(가) 농가가 아닌 자의 농지
(나) 자경하지 않는 자의 농지

더 알아보기

*농지
농사짓는 데 쓰는 땅

북한의 토지 개혁과 대한민국 정부의 농지 개혁
북한에서는 농지뿐만 아니라 임야(숲이나 들)까지 개혁의 대상이었기에 토지 개혁이라 부르고, 대한민국 정부는 농지에 대해서만 개혁을 추진하였기 때문에 농지 개혁이라 불러요.

*자경
자기 스스로 논밭을 갈아 농사를 지음

초능력 온달 O X 퀴즈
이 글의 내용과 일치하면 O표, 일치하지 않으면 X표 해보세요.

❶ 5·10 총선거는 우리나라 최초의 민주주의 선거입니다. (O , X)
❷ 초대 국회(제헌 국회)는 친일파를 처단하기 위해 농지 개혁법을 제정하였습니다. (O , X)

초능력 평강 퀴즈

❶ 다음의 활동을 한 국회와 관련 있는 선거를 쓰시오.

• 제헌 헌법 제정
• 국호를 '대한민국'으로 정함
• 대통령 이승만, 부통령 이시영 선출

( )

❷ 대한민국 정부의 친일파 처단과 관련된 설명으로 옳은 것은? ( )
① 경자유천의 원칙에 따라 시행되었다.
② 대부분의 친일파 처단에 성공하였다.
③ 이승만 정부는 반민 특위 활동을 적극 지원하였다.
④ 대부분의 농민이 자기 소유의 토지를 갖게 되는 계기가 되었다.
⑤ 초대 국회(제헌 국회)에서 반민족 행위 처벌법을 제정하였다.

😊 정답과 해설 4쪽

 정답과 해설 4쪽

우리학교 객관식 문제

01 다음 〈보기〉의 내용 중 초대 국회(제헌 국회)의 활동을 고르시오.

┤ 보기 ├
ㄱ. 대한제국 수립
ㄴ. 농지 개혁법 제정
ㄷ. 치안 유지법 제정
ㄹ. 반민족 행위 처벌법 제정

① ㄱ, ㄴ ② ㄱ, ㄷ ③ ㄴ, ㄷ
④ ㄴ, ㄹ ⑤ ㄷ, ㄹ

02 다음 자료와 관련된 선거에 대한 설명으로 옳은 것을 〈보기〉에서 고르면?

┤ 보기 ├
ㄱ. 38도선 이북에서 치러진 선거였다.
ㄴ. 우리나라 최초의 민주주의 선거였다.
ㄷ. 대통령과 부통령을 선출하는 선거였다.
ㄹ. 만 21세 이상 모든 남녀에게 선거권을 부여하였다.

① ㄱ, ㄴ ② ㄱ, ㄷ ③ ㄴ, ㄷ
④ ㄴ, ㄹ ⑤ ㄷ, ㄹ

우리학교 주관식 문제

03 ㉠, ㉡에 들어갈 내용을 쓰시오.

일제 강점기를 지나 광복을 맞이한 우리나라는 친일파 처단에 대한 과제를 가지고 있었어요. 이에 대한민국 정부가 수립된 이후 초대 국회(제헌 국회)는 친일파를 처벌하고자 (㉠)을/를 제정하고 (㉡)을/를 구성하였답니다.

• ㉠ :
• ㉡ :

대학수학능력시험

04 (가) 선거에 대한 설명으로 옳은 것은?

2024 수능

 이 자료는 유엔 한국 임시 위원단이 참관한 가운데 시행된 우리나라 역사상 최초의 보통 선거인 [(가)]을/를 홍보한 포스터이다. 이 포스터에는 투표하는 모습과 함께 국민들에게 투표를 독려하는 구호가 실려 있다.

① 발췌 개헌에 따라 실시되었다.
② 제헌 국회 의원을 선출하였다.
③ 통일 주체 국민 회의에서 추진되었다.
④ 아관 파천이 일어나는 원인이 되었다.
⑤ 조선 태형령이 시행되는 배경이 되었다.

자유롭게 색칠해 보세요!

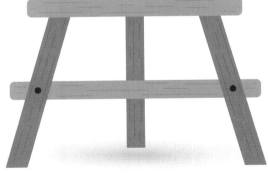

오픈아이

설쌤! 김구 선생님이 분단을 막고자 했는데 결국 분단되었네요…

분단보다 더 비극적인 일이 있었어. 그때로 가보자…

설쌤! 저분은 누구신가요?

전세를 역전시킬 좋은 방법이 없을까…?

저분은 맥아더 장군님이야.

아무리 생각해도 상륙 작전뿐인데…

혹시 어떤 지역으로 상륙 작전을 하면 좋을지 고민 중이신가요?

그렇소. 그런데 위치를 두고 의견이 분분한 상태요.

그럼 장군님께서는 어디가 제일 좋다고 생각하세요?

난 개인적으로 인천이 가장 좋다고 생각하는데 주변에서는 성공 확률이 5000분의 1이라고 하며 반대가 심해서 고민중이오…

저는 장군님의 판단을 존중합니다!

온달아 갑자기 끼어들면 어떡해?!

응원해주어 고맙네! 인천으로 정하겠소! 성공을 빌어주시오!

반드시 성공하실 겁니다! 그럼 저희는 이만…!

한판 정리

 6·25 전쟁의 발발

배경	애치슨 선언
전개	북한의 남침 → 유엔군 참전 → 인천 상륙 작전 → 서울 되찾음 → 중국군 참전 → 흥남 철수, 1·4 후퇴 → 서울을 다시 되찾음 → 정전 협정 체결(1953. 7. 27.)
결과	• 이산가족 발생 • 국토 황폐화, 인명 피해

설쌤의 한국사 스토리텔링

6·25 전쟁에 대해 알아봅시다.

 더 알아보기

✳ 6·25 전쟁이 일어난 원인은 무엇일까?

1948년, 한반도는 38도선을 기준으로 남쪽에 대한민국 정부가, 북쪽에 조선 민주주의 인민 공화국(북한)이 세워지면서 결국 분단되고 말았어요. 남과 북은 체제가 달랐기 때문에 서로를 비판하면서 38도선 부근에서 자주 무력으로 충돌했답니다.

이러한 상황 속에서 **미국 국무 장관 애치슨이 미국의 태평양 방위선**에서 한반도를 제외한다는 애치슨 선언을 **발표**했어요. 이 소식을 들은 북한은 대한민국을 침공하더라도 미국의 지원이 없을 것이라 판단하였고, 소련과 중국의 지원 아래 전쟁을 본격적으로 준비하였습니다.

✳방위선
국가 방어를 위해 설정해 놓은 선

✳ 6·25 전쟁 초기에는 어떤 일이 있었을까?

북한은 대한민국을 침입하기 위해 소련으로부터 신무기와 군사적 지원을 받고, 중국으로부터 미국이 전쟁에 개입하여 전세가 불리해질 경우 참전한다는 약속을 받았어요. 그리고 **1950년 6월 25일 북한이 기습 남침**을 하면서 **6·25 전쟁이 시작**되었습니다. 북한군은 단 3일 만에 서울을 점령하고 남쪽으로 계속 진격했어요. 한편, 북한의 남침 사실을 알게 된 유엔은 유엔 안전 보장 이사회를 열어 북한의 행위를 침략으로 규정하고 유엔군 참전을 결정했어요. 이에 따라 16개국의 연합으로 이루어진 유엔군이 대한민국을 지원하기 위해 파견되었어요.

유엔군은 대한민국 국군과 함께 낙동강 방어선을 형성하고 더 이상의 북한군 남하를 필사적으로 막으며 북으로 밀고 올라가고자 하였어요. 그러나 이미 낙동강 방어선 인근에 자리 잡고 있던 북한군을 밀어내기에는 큰 어려움이 있어 좋지 못한 상황이 지속되었답니다. 이때, 유엔군을 이끌고 온 총사령관 맥아더 장군이 전세를 역전시킬 좋은 방법을 생각해 냅니다. 그것은 바로 **인천 상륙 작전**이었어요. 당시 인천 상륙 작전의 성공 확률은 5000분의 1이었기에 우려의 목소리가 많았지만, 1950년 9월 **맥아더 장군이 이 작전을 성공시키면서 전세가 역전되었습니다.**

더 알아보기

✳**개입**
자신과 직접적인 관계가 없는 일에 끼어듦

✳**점령**
어떤 장소를 차지하여 자리 잡음

✳**규정**
내용이나 성격, 의미 등을 밝혀 정함

✳**참전**
전쟁에 참가함

✳**남하**
남쪽으로 내려감

*탈환
빼앗겼던 것을 다시 빼앗아
찾음

*북진
북쪽으로 진격함

*교착
어떤 상태가 굳어 조금도 변
동이 없이 머무름

* 전세를 역전시킨 국군과 유엔군, 전쟁에서 승리할 것인가?

북한군의 허를 찌르는 인천 상륙 작전으로 인천 상륙에 성공한 국군과 유엔군은 빠르게 서울을 탈환하였고, 기세를 몰아 38도선을 돌파했습니다. 계속된 북진으로 압록강까지 국군과 유엔군이 진격하며 전쟁에서의 승리가 눈앞으로 다가온 듯했어요.

그러나 승리로 끝날 것 같았던 6·25 전쟁은 **중국군의 개입**으로 또다시 전세가 역전되고 말았습니다. 엄청난 수의 중국군에 밀려 국군과 유엔군은 후퇴할 수밖에 없었어요. **중국군을 피해 일부 부대는 흥남 부두 일대로 후퇴하여 배를 타고 철수(흥남 철수)**하였고, 나머지 부대는 서울을 지나 남쪽으로 내려갔습니다. 결국 **1951년 1월 4일 서울을 다시 북한에게 빼앗기게 되었는데 이를 1·4 후퇴라 불러요**. 이후 국군과 유엔군은 총공격을 하여 서울을 다시 되찾았지만, 이때부터 서로 팽팽한 전투를 벌이며 전쟁이 38도선 부근에서 교착 상태에 빠지게 되었습니다.

*군사 분계선
군사 활동의 한계선

*송환
포로나 불법으로 입국한 사람
등을 본국으로 돌려보냄

* 6·25 전쟁은 어떻게 멈췄을까?

전쟁이 지속되자 **소련의 제의로 정전 협상이 시작**되었어요. 정전 협상에서 군사 분계선 설정과 포로 송환 문제 등을 두고 의견을 나누었는데, 의견 차이가 쉽게 좁혀지지 않아 협상이 2년여 동안 계속되었습니다. 이 기간 동안 38도선 부근에서는 지속적인 전투가 벌어져 많은 희생자가 발생했어요. 그러다가 **1953년 7월 27일 오랜 협상 끝에 정전 협정**을 맺게 되면서 6·25 전쟁이 멈추게 됩니다.

▲ 북한의 남침
(1950년 6~9월)

▲ 국군·유엔군의 반격
(1950년 9~11월)

▲ 중국군의 개입
(1950년 10월~1951년 1월)

▲ 전선 교착과 정전 협정
(1951년 1월~1953년 7월)

* 6·25 전쟁의 피해와 영향에는 어떤 것이 있을까?

3년여 동안 지속된 6·25 전쟁으로 온 국토가 황폐화되었어요.* 또한, 전쟁에 참전한 수많은 양측의 군인과 민간인들이 목숨을 잃었고, 많은 이산가족과 전쟁고아도 생겨났답니다.

6·25 전쟁으로 남과 북의 적대감은 더욱 심해졌고, 당시 남북의 지도자들은 이러한 점을 이용해 독재 권력을 강화해 나갔습니다.

동족상잔*의 비극인 6·25 전쟁, 어느덧 70년 넘게 지났지만 그때의 상처는 아직도 남아있습니다. 앞으로 남과 북은 어떤 관계로 나아가는 것이 좋을까요? 스스로 한번 생각해 봅시다.

*황폐화
집, 토지 등이 거칠고 못쓰게 됨

*동족상잔
같은 겨레끼리 서로 싸우고 죽임

초능력 온달 ⓞⓧ 퀴즈

이 글의 내용과 일치하면 O표, 일치하지 않으면 X표 해보세요.

❶ 애치슨 선언이 발표된 이후 6·25 전쟁이 발발하였습니다.　　　(ⓞ , ⓧ)

❷ 정전 협정이 체결된 이후 인천 상륙 작전이 전개되었습니다.　　(ⓞ , ⓧ)

초능력 평강 퀴즈

❶ ㉠에 들어갈 단어를 쓰시오.

> 미국 국무 장관이 미국의 태평양 방위선에서 한반도를 제외한다는 (　㉠　)을/를 발표하였어요.

(　　　　　　　　)

❷ 다음 중 6·25 전쟁에 대한 설명으로 옳지 않은 것은?

(　　　　)

① 미국의 제의로 정전 협상이 시작되었다.
② 많은 이산가족과 전쟁고아가 생겨나게 되었다.
③ 중국군의 개입으로 서울을 다시 적군에 빼앗겼다.
④ 국군과 유엔군은 인천 상륙 작전으로 전세를 역전시켰다.
⑤ 국토가 황폐화되고 남과 북의 적대감이 심해지게 되었다.

⊙ 정답과 해설 5쪽

정답과 해설 5쪽

우리학교 객관식 문제

01 (가)에 들어갈 사건으로 옳은 것은?

중국군 참전
↓
(가)
↓
정전 협정 체결

① 1·4 후퇴
② 유엔군 참전
③ 애치슨 선언
④ 인천 상륙 작전
⑤ 낙동강 방어선 구축

02 다음 〈보기〉의 사실을 순서대로 바르게 나열한 것은?

┤ 보기 ├
ㄱ. 흥남 철수
ㄴ. 북한의 남침
ㄷ. 인천 상륙 작전
ㄹ. 정전 협정 체결

① ㄱ－ㄴ－ㄷ－ㄹ　　② ㄴ－ㄷ－ㄱ－ㄹ
③ ㄴ－ㄹ－ㄷ－ㄱ　　④ ㄷ－ㄴ－ㄹ－ㄱ
⑤ ㄷ－ㄹ－ㄱ－ㄴ

우리학교 주관식 문제

03 6·25 전쟁으로 일어난 결과 중 한 가지를 쓰시오.

(　　　　　　　　　　　　　　　　)

한국사능력검정시험

04 밑줄 그은 '이 전쟁' 중에 있었던 사실로 옳은 것은?

기본 60회

여기는 에티오피아군이 유엔군의 일원으로 이 전쟁에 참전한 것을 기리는 기념관입니다. 당시 에티오피아군의 전투 상황 등을 보여주는 자료가 전시되어 있습니다.

① 인천 상륙 작전이 전개되었다.
② 조선 건국 준비 위원회가 결성되었다.
③ 이승만이 임시 의정원에서 탄핵되었다.
④ 쌍성보에서 한중 연합 작전이 펼쳐졌다.

 배운 내용으로 빈칸 채우기

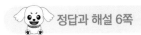 정답과 해설 6쪽

01 어제의 동지와 대립하게 된 이유, 모스크바 3국 외상 회의

광복 (1945. 8. 15.)	❷ 모 ⬜ ⬜ ⬜ 3 국 ⬜ ⬜ ⬜ 의(1945. 12.)	제1차 미·소 공동 위원회 (1946. 3.)
광복 직후 북위 ❶ 3 ⬜ 도 ⬜ 을 경계로 미국(38도선 이남), 소련(38도선 이북)이 주둔	● 미국, 영국, 소련 참여 ● 결정 사항 　– 임시 정부 수립 　– 미·소 공동 위원회 설치 　– 최대 5년간 ❸ 신 ⬜ 통 ⬜ 　: 좌익(반대 → 찬성) vs 　　우익(반대)	● ❹ 덕 ⬜ ⬜ 석 ⬜ ⬜ 　에서 개최 ● 두 나라의 의견이 달라 합의 　실패

02 분단을 막기 위한 노력, 좌우 합작 운동과 남북 협상

이승만의 ❶ 정 ⬜ ⬜ ⬜ 언	좌우 합작 운동	유엔의 남한 단독 선거 결정	❹ 남 ⬜ ⬜ 상
남한만의 단독 정부 수립 주장	● 주도: 중도파 　(김규식, 여운형) ● 전개: ❷ 좌 ⬜ 　⬜ ⬜ 위 ⬜ ⬜ 　결성 → 좌우 합작 　7원칙 발표 ● 실패 　– 좌우 대표 세력 불참 　– 여운형 암살	● ❸ 유 ⬜ 총 ⬜ 　: 인구 비례에 의한 　　남북한 총선거 결정 ● 유엔 소총회 : 선거가 　가능한 지역에서만 　총선거 실시 결정	● 배경: 남한만의 단독 　선거 결정 ● 주도: 김구, 김규식 ● 내용: 남한의 단독 선거 　반대

배운 내용으로 빈칸 채우기

03 대한민국 정부의 과제, 친일파 청산과 농지 개혁

대한민국 정부 수립

❶ ☐·10 총☐☐ (1948. 5. 10.)	대한민국 정부 수립(1948. 8. 15.)
● 우리나라 최초의 민주주의 선거 ● 만 21세 이상 모든 남녀에게 선거권 부여 ● 초대 국회(제헌 국회) 결성 　－ ❷ ☐헌☐법 제정 　－ 국호를 대한민국으로 정함 　－ 대통령 이승만 선출	● 이승만 대통령의 대한민국 정부 수립 공포 ● 유엔 총회로부터 한반도 내 유일한 합법 정부로 승인 받음

대한민국 정부의 과제

친일파 청산	농지 개혁
● 배경: 친일 반민족 행위자 처벌의 필요성 ● 전개: 초대 국회(제헌 국회)의 ❸ 반☐ 행☐☐☐법(반민법) 제정 → 반민족 행위 특별 조사 위원회(반민 특위) 구성 ● 결과: 이승만 정부의 소극적 태도 → 큰 성과를 거두지 못함	● 배경: 토지 개혁의 필요성 ● 전개: 초대 국회(제헌 국회)의 농지 개혁법 제정 → ❹ 경☐유☐의 원칙에 따른 유상 매입·유상 분배의 방식으로 실시 ● 결과: 대부분의 농민이 자기 소유의 토지를 갖게 됨

정답과 해설 6쪽

04 동족상잔의 비극, 6·25 전쟁

배경	❶ ☐ ☐ 슨 선 ☐
전개	북한의 남침 → 유엔군 참전 → ❷ 인 ☐ 상 ☐ 작 ☐ → 서울 되찾음 → 중국군 참전 → 흥남 철수, ❸ ☐ · 4 ☐ 퇴 → 서울을 다시 되찾음 → ❹ 정 ☐ 협 ☐ 체결(1953. 7. 27.)
결과	● 이산가족 발생 ● 국토 황폐화, 인명 피해

설쌤의 지식 오픈!

66
드디어 시작된 친일파 처단! 과연 성공했을까?
99

대한민국 정부가 수립된 후인 1948년 9월, 드디어 일제 강점기 때 일본의 편에 서서 한국인을 괴롭혔던 친일파들을 처단하기 위해 반민족 행위 처벌법이 만들어졌어요. 이에 따라 친일 행위를 했던 사람들을 조사하기 위한 반민족 특별 조사 위원회(반민 특위)가 구성되었고, 국민들도 위원회의 활동을 응원했어요. 하지만 대한민국의 첫 번째 대통령으로 선출된 이승만은 친일파를 처단하는 일보다 북쪽의 공산주의자들과 싸우는 일이 중요하다면서 반민 특위의 활동을 반기지 않았어요. 결국 대부분의 친일파들이 처벌을 받지 않거나 재판조차 받지 않으면서 사실상 친일파 처단은 실패로 끝났어요. 지금까지도 우리 국민들은 친일파들을 철저하게 조사하여 처벌하기를 바라고 있어요.

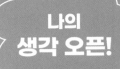

 6·25 전쟁을 생각했을 때 떠오르는 장면을 그림으로 표현해
봅시다!

#장면1 제목 :

#장면2 제목 :

6·25 전쟁

#장면3 제목 :

#장면4 제목 :

2 " 민주화를 위한 노력, 독재 권력에 맞서 싸우다 "

3·15 부정 선거 다시 하라!

05 부정 선거 재실시하라! 4·19 혁명

#사사오입 개헌   #3·15 부정 선거   #김주열   #4·19 혁명

06 굴욕 외교 결사 반대! 한일 국교 정상화

#5·16 군사 정변   #국가 재건 최고 회의   #6·3 시위

07 국민의 기본권을 제한하다, 유신 헌법

#구·4 남북 공동 성명   #통일 주체 국민 회의   #유신 헌법

#YH 무역 사건   #10·26 사태

08 민주화를 위해 흘린 피,
5·18 민주화 운동과 6월 민주 항쟁

#신군부   #5·18 민주화 운동   #박종철

#이한열   #6·29 민주화 선언

1960년 3월   1960년 4월

3·15 부정 선거   4·19 혁명

오픈아이

설쌤! 지난 시간에 배운 5·10 총선거 잊지 않고 기억할게요!

그런데 그 이후에 치러진 선거는 항상 공정했나요?

우리 직접 확인하러 가볼까?

아니! 거참! 투표 용지가 다 떨어졌다니깐!

무슨 말인가요? 투표 용지가 없다니! 말도 안돼!

설쌤! 저기 무슨 일이 생긴 것 같아요!

혹시 무슨 일인가요?

아니 글쎄! 선거하러 왔는데 투표 용지가 없다고 그냥 돌아가라고 하네요…

뭔가 이상하오.

얘들아! 놀라지 말고 들어! 지금 부정 선거가 일어나고 있어! 우리가 부정 선거의 단서를 찾을 거야!

부…부정 선거요?

온달아 조용…!

왈왈

내가 선거 관리자와 이야기할 동안 너희들은 열려있는 투표함을 찾아봐! 반드시 이 주변에 있을 거야!

왈왈

네! 설쌤!

설쌤! 로빈이가 부정 선거의 단서를 찾았어요!

부정 선거라고?

여러분 이 선거는 부정 선거입니다!

좋아! 나머지는 사람들에게 맡기고 우린 떠나자!

왈왈

한판 정리

4·19 혁명의 전개

이승만 정부의 장기 집권	4·19 혁명
• 제헌 헌법: 국회 의원에 의한 대통령 선출, 대통령 2번 가능 • 제1대 대통령 이승만 당선 • 1차 개헌: 간선제 → 직선제 • 제2대 대통령: 이승만 당선 • 2차 개헌(사사오입 개헌): 초대 대통령에 한해 중임 제한 철폐	• 배경: 3·15 부정 선거 • 전개: 김주열 시신 발견 → 시위 전국 확산 → 경찰의 총격 → 대학 교수단의 시위 → 이승만이 대통령직에서 물러남 • 결과: 3차 개헌(내각 책임제) → 장면 내각 출범

4·19 혁명에 대해 알아봅시다.

더 알아보기

＊임기
임무를 맡아보는 일정한 기간

＊개정
문서의 내용을 고쳐 다시 정함

＊집권
권세나 정권을 잡음

＊개헌
헌법을 고침

＊당선
선거에서 뽑힘

＊중임
임기가 끝나고 나서 그 자리를 다시 맡음

＊출마
선거에 후보자로 나섬

초대 대통령에 한해 중임 제한을 없애다

이 말은 초대 대통령이었던 이승만이 대통령을 2번까지만 할 수 있다는 제한을 없애고, 대통령직을 계속 맡을 수 있게 된다는 뜻이에요.

✳ 이승만 정부는 어떤 방법으로 장기 집권을 했을까?

1948년 7월 17일에 제정된 제헌 헌법에는 대통령을 국회 의원들이 선출한다는 간선제와 대통령의 임기는 4년이며 1차 중임(2번)까지 대통령직을 맡을 수 있다는 내용이 포함되어 있었어요.

1948년 대한민국의 제1대 대통령에 선출된 이승만은 두 번에 걸쳐 헌법을 개정하여 장기 집권을 하게 됩니다. **1차 개헌의 내용은 국회 의원들이 대통령을 선출하는 방식인 간선제를 국민들이 직접 대통령을 선출하는 직선제로 변경**한 것입니다. 이렇게 헌법을 바꾼 이유는 2대 국회 의원에 이승만을 반대하는 세력이 많이 당선되었기 때문이에요. 이승만 정부는 국회 의원들이 대통령을 선출하는 간선제로는 대통령 당선이 어렵다고 판단하여 헌법을 바꾸었고, 이승만은 바뀐 헌법에 따라 제2대 대통령에 당선되었습니다.

이제 이승만은 제1대, 제2대 대통령으로 당선되었기 때문에 더 이상 대통령 선거에 나올 수가 없게 되었어요. 이때 이승만 정부는 장기 집권을 하고자 2차 개헌을 준비합니다. **2차 개헌의 내용은 초대 대통령에 한해 중임 제한을 없앤다는 것**이었어요. 이후 2차 개헌이 통과되면서 이승만은 제3대 대통령 선거에 출마해 대통령에 당선되었어요.

2차 개헌의 또 다른 이름, 사사오입 개헌

이승만 정부 때는 헌법을 바꾸려면 국회 의원의 3분의 2가 찬성해야 했답니다. 당시 국회 의원의 수는 203명이었고 이중 3분의 2에 해당하는 135.333…명을 넘는 136명이 찬성해야 했어요. 처음에는 135명이 찬성하여 통과되지 못했어요. 이때 이승만 정부는 사사오입(반올림)의 논리를 앞세워 135.333…명은 135명과 같다며 2차 개헌안을 통과시켰어요. 그래서 2차 개헌을 사사오입 개헌이라고도 부릅니다.

✳ 3·15 부정 선거는 무엇일까?

1960년에는 제4대 대통령·제5대 부통령 선거가 있었어요. 당시 여당[✱] 대통령 후보로 이승만, 부통령 후보로 이기붕이 출마하였고 야당[✱] 대통령 후보로 조병옥, 부통령 후보로 장면이 출마했어요. 그런데 선거를 준비하는 과정에서 야당 대통령 후보 조병옥이 선거를 불과 한 달여 앞에 두고 사망하는 일이 벌어졌습니다. 자연스레 이승만의 당선이 확실시되었죠. 그런데 문제가 있었습니다. 그것은 바로 당시 이승만의 나이가 85세라는 사실이었어요. 당시에는 대통령에게 건강상의 문제가 생기면 부통령에게 대통령직이 승계되었어요. 그래서 여당은 만일의 사태에 대비해 수단과 방법을 가리지 않고 자신들의 부통령 후보인 이기붕을 부통령에 당선시켜야만 했어요. 결국 여당은 은밀하게 부정 선거를 준비했고 그것이 바로 **3·15 부정 선거**예요.

여당이 저지른 부정 선거 방법에는 대표적으로 **4할 투표제라고 해서 40% 의 투표용지에 미리 써넣거나 표시한 뒤 투표함에 넣어 두는 방법**과, **3인조부터 9인조까지 조를 편성하여 조장이 조원의 표를 확인하고 투표함에 넣도록 하는 방법** 등이 있었어요. 온갖 부정한 방법으로 얼룩진 3·15 부정 선거, 과연 국민들은 눈 뜨고 당하고만 있었을까요?

더 알아보기 😎

✱ **여당**
현재 정권을 잡고 있는 정당

✱ **야당**
현재 정권을 잡고 있지 않은 정당

3·15 부정 선거 지시 사항
• 지역별로 4할 정도를 사전 기표하여 투표함에 미리 넣어 둘 것
• 3~9인조를 편성하여 조장이 조원의 표를 확인하고 …… 투표함에 넣도록 할 것

자~! 자유당 후보 찍은 것 맞죠? 투표용지 확인 후 투표함에 넣도록 하겠습니다!

3명씩 짝을 지어 조장이 확인하는 부정 선거가 일어나고 있군!

*항의
못마땅한 생각이나 반대의
뜻을 주장함

*사상자
죽은 사람과 다친 사람

*최루탄
눈물샘을 자극하여 눈물을
흘리게 하는 약이나 물질을
넣은 탄환

*독재
통치자가 남과 상의하지 않고
혼자서 행하는 정치

*계엄
일정한 지역의 행정권과 사
법권의 전부나 일부를 군이
맡아 다스리는 일

*선포
세상에 널리 알림

* 4 · 19 혁명은 어떻게 전개되었을까?

선거 당일 부정 선거에 항의하는 시위가 전국 각지에서 일어났어요. 마산에서는 경찰이 시위를 벌이던 시민들을 향해 총을 발사하여 수십 명의 사상자가 발생했습니다. 얼마 뒤 시위 중 실종되었던 **김주열 학생이 최루탄을 맞고 사망한 채 마산 앞바다에서 발견**되어 마산 시민들은 크게 분노했어요. 이 소식을 접한 이승만 정부는 마산 시위에 공산주의 세력이 관련되었다고 발표하며 화가 난 국민들의 마음을 가라앉히고자 했지만 시위는 점차 전국적으로 확산되어 갔어요.

한편 서울에서는 국민들이 이승만의 독재와 부정 선거에 대해 비판하며 이승만 대통령이 있는 경무대로 향했어요. 경무대 앞에서 시위가 계속되자 당시 **경찰이 시위대를 향해 총격**을 가해 많은 사람들이 죽거나 다쳤어요. **정부는 비상계엄령을 선포하고 군대까지 동원**하여 시위를 막으려 했답니다. 이 상황을 지켜보던 대학교수단도 시위에 참여하여 이승만이 대통령직에서 물러날 것을 요구했어요. 흥미로운 사실은 시위를 진압하기 위해 동원된 계엄군까지도 시위대에 참여하는 모습이 나타났다는 것입니다.

✽ 4 · 19 혁명은 어떤 결과를 불러왔을까?

　시위가 지속되자 결국 **이승만 대통령은 사태의 심각성을 깨닫고 국민의 뜻을 받아들여 대통령직에서 물러났습니다.** 그 뒤 허정이 이끄는 과도 정부가 수립되어 **내각 책임제를 주요 내용으로 하는 헌법 개정이 이루어졌어요(3차 개헌).** 새 헌법에 따라 치러진 선거에서 제4대 대통령으로 윤보선이 선출되었고, 윤보선 대통령이 장면을 국무총리로 임명하면서 **장면 내각이 출범**했습니다.

　4 · 19 혁명은 전 국민이 참여하여 이승만 독재 정권을 무너뜨린 민주주의 혁명이라는 점에서 의의가 있어요.

＊**과도 정부**
임시로 구성된 정부

＊**출범**
조직, 단체 등이 새로 조직되어 일을 시작함

내각 책임제
국회의 다수 정당이 내각을 구성하는 정부 형태로, 국무총리가 실질적으로 정치적 권력을 가지고 있는 정부 형태예요.

> 온달아! 시험 볼 땐 부정행위를 하면 되니까 공부 그만하고 놀자!

> 황대감은 물러가라!

 **초능력 온달 ⭕❌ 퀴즈**　이 글의 내용과 일치하면 O표, 일치하지 않으면 X표 해보세요.

❶ 김주열 학생의 시신이 마산 앞바다에서 발견되면서 시위가 전국적으로 확산하였습니다.　(⭕ , ❌)

❷ 4 · 19 혁명 때 대학교수 등 지식인들은 참여하지 않았습니다.　(⭕ , ❌)

초능력 평강 퀴즈

❶ **다음에서 설명하는 사건을 쓰시오.**

> • 1960년 3 · 15 부정 선거에 반발하여 일어났습니다.
> • 이승만이 대통령직에서 물러나게 되는 계기가 되었습니다.

（　　　　　　　）

❷ 4 · 19 혁명의 결과로 옳은 것은?　（　　　　）

① 이산가족이 발생하였다.
② 5 · 10 총선거가 시행되었다.
③ 좌우 합작 운동이 전개되었다.
④ 내각 책임제로 헌법이 바뀌었다.
⑤ 모스크바 3국 외상 회의가 개최되었다.

✹ 정답과 해설 6쪽

정답과 해설 6쪽

우리학교 객관식 문제

01 다음 자료가 원인이 되어 일어난 사건으로 옳은 것은?

〈부정 선거 지시 사항〉
• 지역별로 4할 정도를 사전 기표하여 투표함에 미리 넣어 둘 것
• 3~9인조를 편성하여 조장이 조원의 표를 확인하고 …… 투표함에 넣도록 할 것

① 3·1 운동
② 원산 총파업
③ 4·19 혁명
④ 6·25 전쟁
⑤ 6·10 만세 운동

02 다음 〈보기〉에서 4·19 혁명의 결과로 옳은 것을 고르면?

┤ 보기 ├
ㄱ. 장면 내각이 출범하였다.
ㄴ. 3·15 부정 선거가 일어났다.
ㄷ. 사사오입 개헌안이 통과되었다.
ㄹ. 이승만이 대통령직에서 물러났다.

① ㄱ, ㄴ
② ㄱ, ㄹ
③ ㄴ, ㄷ
④ ㄴ, ㄹ
⑤ ㄷ, ㄹ

우리학교 주관식 문제

03 4·19 혁명의 의의를 쓰시오.

_____

_____

_____

대학수학능력시험

04 밑줄 친 '시위'에 대한 설명으로 옳은 것은?

2024 수능

절망적인 위기에 봉착했던 우리나라의 민주주의를 구하고자 4월 19일 청소년 학도들은 총궐기했습니다. 이날 민권 수호 운동의 주동이 되어 시위한 서울의 대학생들은 3·15 부정 선거를 비롯해서 12년에 걸친 독재 정부의 반 민주적인 행위를 규탄했습니다.

① 3·1 민주 구국 선언을 발표하였다.
② 4·13 호헌 조치의 철폐를 주장하였다.
③ 신군부 세력의 권력 장악에 저항하였다.
④ 6·10 만세 운동이 일어나는 결과를 가져왔다.
⑤ 내각 책임제를 골자로 하는 개헌의 계기가 되었다.

 4·19 혁명이 일어난 배경과 전개 과정 및 결과를 서술하시오.
(단, 결과는 2가지 이상 포함하여 서술할 것)

오픈아이

설쌤! 그나저나 광복 이후 우리나라와 일본은 어떻게 되었나요?

당연히 일본과는 끝이지!

아니. 일본과 다시 교류하게 돼.

설쌤! 사람들이 왜 시위를 하고 있나요?

굴욕 외교 결사 반대!

당시 정부에서 광복 이후 끊어졌던 일본과의 교류를 정상화한다고 해서 시위가 벌어진거야.

나라끼리 교류를 정상화하면 서로에게 좋은 거 아닌가요?

그게…정상화 조건에 우리나라 입장에서 보면 굴욕적인 내용이 담겨 있거든.

굴욕적인 내용이 많았다니…! 설쌤 우리도 가서 시위에 참여해요! 가자! 로빈!

왈왈

먹을 것만 찾던 온달이가 많이 변했네요!

로빈이도 많이 변했네~! 우리 이제 슬슬 가볼까?

한판 정리

박정희 정부 출범과 한일 국교 정상화

박정희 정부 출범	한일 국교 정상화
• 배경: 5·16 군사 정변 → 혁명 공약 발표, 국가 재건 최고 회의 구성 • 박정희 군정 실시: 중앙정보부 설치, 헌법 개정(대통령 중심제) • 제5대 대통령 선거(1963): 박정희 당선 → 박정희 정부 수립	• 배경: 경제 개발 자금 마련 • 전개: 한일 회담 시작 → 김종필·오히라 메모 공개 → 6·3 시위 전개 → 비상계엄령 선포, 군대 동원 → 시위 진압 → 한·일 협정(한·일 기본 조약) 체결 • 결과: 경제 개발 자금 확보 • 한계: 일본의 식민 지배에 대한 배상과 사과는 받지 못함

박정희 정부의 한일 국교 정상화에 대해 알아봅시다.

더 알아보기

✳ 5·16 군사 정변은 어떻게 일어났을까?

4·19 혁명 이후 학생, 교사, 노동자 등 각계각층에서 민주화 요구가 터져 나오기 시작했어요. 당시 장면 내각은 4·19 혁명 이후 어수선해진 사회를 바로 잡고자 여러 개혁을 시도했지만, 국민들의 다양한 민주화 요구를 제대로 수용하지는 못했답니다. 심지어 3·15 부정 선거 책임자에 대한 처벌에도 소극적이었어요.

이러한 상황에서 **박정희** 등 일부 군인들은 장면 내각의 무능함과 사회 혼란을 이유로 1961년 5월 16일에 정변을 일으켰어요. 이 사건을 **5·16 군사 정변**이라고 부릅니다. 5·16 군사 정변으로 장면 내각은 출범한 지 1년도 되지 않아 무너지게 되었지요.

*정변
비합법적인 수단으로 생긴 정치상의 큰 변동

✳ 박정희 정부는 어떻게 출범하였을까?

5·16 군사 정변 직후 박정희는 주요 정부 기관을 점령하고 **혁명 공약을 발표**했어요. 여기서 주목할 점은 혁명 공약 마지막에 들어간 훗날 양심적인 정치인들에게 정권을 이양하고 군인의 임무로 복귀한다는 내용입니다. 어떤 과정이 있었기에 박정희는 군인의 임무로 돌아가지 않고 대통령이 되었을까요?

5·16 혁명 공약의 일부

1. 반공을 국시의 제일의(義)로 삼는다.

......

6. 과업이 성취되면 양심적인 정치인들에게 언제든지 정권을 이양하고 군 본연의 임무에 복귀한다.

혁명 공약 발표 이후 **박정희는 국가 재건 최고 회의를 구성하여 군정을 실시**했습니다. 그리고 국가 안전 보장을 내세워 **중앙정보부를 설치**하여 권력 기반을 다졌어요. 박정희 군사 정부는 사회 안정을 명분으로 폭력배를 처벌하는 등 다양한 정책을 펼쳐나갔습니다. 또한 헌법을 개정하여 기존의 내각 책임제를 대통령 중심제로 바꾸었어요.

군정이 시작된 지 어느덧 2년이 지났어요. 과거 혁명 공약에서 군인의 임무로 돌아간다고 했던 박정희는 군인을 그만두고 제5대 대통령 선거에 출마하게 됩니다. 그리고 박정희는 당시 상대 후보였던 윤보선을 누르고 대통령에 당선되었어요. 이로써 박정희 정부가 출범하게 되었답니다.

더 알아보기

*점령
어떤 장소를 차지하여 자리를 잡음

*공약
어떤 일에 대해 국민에게 실행할 것을 약속함

*국시
국민의 지지도가 높은 국가 이념이나 국가 정책의 기본 방침

*이양
남에게 넘겨줌

*군정
군인이 국가의 권력을 장악하고 행하는 정치

✳ 6 · 3 시위는 왜 일어났을까?

박정희 정부는 출범 이후 경제 개발을 가장 중요한 과제로 삼았어요. 경제 개발을 하려면 자금이 필요했겠죠? 때마침 미국이 공산주의 진영인 중국, 북한, 소련에 대항하기 위한 한국·미국·일본 안보✳ 체계를 만들고자 했어요. 미국은 한국과 일본의 국교✳ 정상화를 요구했고, 경제 개발 자금이 필요했던 박정희 정부는 미국의 요구에 따라 **일본과 한일 국교 정상화를 위한 한일 회담을 진행**했어요.

한일 회담은 '독립 축하금' 명목의 후원금과 차관✳을 제공받는 조건으로 특사 김종필과 일본 외무 장관 오히라에 의해 비밀리에 진행되었어요. 그런데 1962년 김종필과 오히라가 합의한 내용이 담긴 메모가 공개되면서 국민들이 분노하게 됩니다. 왜냐하면 메모 속에는 일본의 식민 지배에 대한 사과와 배상✳, 약탈 문화유산 반환 등의 내용이 담겨있지 않았기 때문이죠. 결국 1964년 **우리나라 국민들은 '굴욕적 대일 외교 반대'를 외치며 한일 국교 정상화 반대 시위를 전개**하였고, **이 대규모 시위를 6·3 시위라** 불러요.

✳**안보**
편안히 보전됨 또는 안전 보장의 줄임말

✳**국교**
나라와 나라 사이에 맺는 외교 관계

✳**차관**
외국 정부 등으로부터 자금을 빌려옴

✳**배상**
남에게 피해를 입힌 사람이 그 손해를 물어 주는 일

* 어떻게 한일 국교는 정상화되었을까?

박정희 정부는 6·3 시위를 진압하기 위해 비상계엄령을 선포하고 군대를 동원하여 시위를 진압*하였어요. 그리고 1965년 한·일 협정(한·일 기본 조약)이 체결되면서 한일 국교는 정상화되었어요. 박정희 정부는 한일 국교 정상화로 경제 개발 자금을 확보했지만, 일본으로부터 식민 지배에 대한 사과와 배상은 받지 못했답니다.

한·일 협정(한·일 기본 조약)

대한민국과 일본국은 양국 국민 관계의 역사적 배경을 고려하며, …… 양호 타당하다고 인정한 후 다음의 조항에 합의하였다.

제1조 양 체약* 당사국 간에 외교 및 영사 관계를 수립한다. ……

제2조 1910년 8월 22일 및 그 이전에 대한 제국과 대일본 제국 간에 체결된 모든 조약 및 협정이 이미 무효임을 확인한다.

더 알아보기

*진압
강압적인 힘으로 눌러 진정 시킴

*체약
약속을 맺음

초능력 온달 ⭕❌ 퀴즈

이 글의 내용과 일치하면 O표, 일치하지 않으면 X표 해보세요.

❶ 박정희는 군정을 실시하는 동안 중앙정보부를 설치하였습니다.　(O , X)

❷ 한일 국교 정상화에 반대하여 6·3 시위가 일어났습니다.　(O , X)

초능력 평강 퀴즈

❶ ㉠에 들어갈 단어를 쓰시오.

1961년 박정희 등 일부 군인들은 장면 내각의 무능함과 사회 혼란을 이유로 (㉠)을/를 일으켜 정권을 장악했어요.

(　　　　　　)

❷ 6·3 시위에서 제기된 주장으로 가장 적절한 것은?

(　　)

① 내 살림 내 것으로
② 식민지 교육 철폐하라
③ 부정 선거 재실시하라
④ 굴욕적 대일 외교 반대
⑤ 반민족 행위자 처벌하라

👉 정답과 해설 8쪽

초능력 Level up 문제

우리학교 객관식 문제

01 (가)에 들어갈 내용으로 옳은 것은?

> 김종필 · 오히라 메모 공개
> ↓
> (가)
> ↓
> 한일 협정 체결

① 6 · 3 시위   ② 8 · 15 광복
③ 4 · 19 혁명   ④ 5 · 10 총선거
⑤ 6 · 10 만세 운동

02 ㉠에 들어갈 내용으로 옳은 것은?

—— 보기 ——
< ㉠ >
제1조 양 체약 당사국 간에 외교 및 영사 관계를 수립한다. ……
제2조 1910년 8월 22일 및 그 이전에 대한 제국과 대일본 제국 간에 체결된 모든 조약 및 협정이 이미 무효임을 확인한다.

① 을사늑약
② 강화도 조약
③ 한 · 일 병합 조약
④ 조 · 미 수호 통상 조약
⑤ 한일 협정(한 · 일 기본 조약)

우리학교 주관식 문제

03 ㉠, ㉡에 들어갈 단어를 쓰시오.

> 5 · 16 군사 정변 직후 박정희는 혁명 공약을 발표하고 (㉠)을/를 구성하여 군정을 실시하였습니다. 그리고 국가 안전 보장을 내세워 (㉡)을/를 설치하여 권력 기반을 다졌어요.

• ㉠ :

• ㉡ :

한국사능력검정시험

04 다음 자료의 상황 이후에 전개된 사실로 옳은 것은?
초급 28회

> 한일 회담은 '독립 축하금' 명목의 후원금과 차관을 제공받는 조건으로 특사 김종필과 일본 외무 장관 오히라에 의해 비밀리에 진행되었다. 회담 이후 김종필과 오히라가 합의한 내용이 담긴 메모가 공개되었다.

① 6 · 3 시위
② 4 · 3 사건
③ 4 · 19 혁명
④ 6 · 25 전쟁

나만의 현수막 만들기

 6·3 시위 때 사용할 나만의 현수막을 만들어 보세요.

오픈아이

한판 정리

3선 개헌과 유신 체제의 성립

3선 개헌(1969)	유신 체제
• 배경: 박정희의 제5대, 제6대 대통령 당선 → 더 이상 대통령 선거 출마 불가 • 전개: 3선 개헌 추진(대통령의 3회 연임 허용) → 3선 개현 통과 • 결과: 3구대 대통령 선거에서 박정희 당선	• 배경: 닉슨 독트린 → 구·4 남북 공동 성명 발표 → 비상계엄령 선포 → 유신 헌법 통과 • 유신 헌법의 내용: 대통령 임기 6년, 중임 제한 폐지, 통일 주체 국민 회의에서 대통령 선출(간선제), 대통령은 국회 의원의 3분의 1 추천권·국회 해산권·긴급 조치권을 가짐 등 • 유신 체제의 성립: 유신 헌법에 따라 통일 주체 국민 회의를 통해 제8대 대통령에 박정희 당선

한판 정리

유신 반대 투쟁과 유신 체제의 붕괴

유신 반대 투쟁	유신 체제의 붕괴
• 개헌 청원 100만인 서명 운동 • 3·1 민주 구국 선언	YH 무역 사건 → 김영삼의 국회 의원직 제명 → 부·마 민주 항쟁 → 10·26 사태

설쌤의 한국사 스토리텔링

3선 개헌과 유신 헌법에 대해 알아봅시다.

✱ 3선 개헌이 이루어진 이유는 무엇일까?

박정희 정부는 한일 국교 정상화 등으로 경제 자금을 확보하였고, 이러한 경제 자금을 기반으로 경제를 발전시켜 나갔어요. 박정희는 경제 발전의 성과를 바탕으로 제6대 대통령 선거에서도 당선되었습니다. 이로써 박정희는 대통령에 2회 당선되어 더 이상 대통령 선거에 출마할 수 없게 되었지요. 여기서 헷갈리면 안 되는 부분이 있어요. 바로 사사오입 개헌의 내용인데, 과거 사사오입 개헌은 초대 대통령에 한해 중임 제한을 없앤 것이기 때문에 초대 대통령인 이승만 대통령만 2번 넘게 대통령 선거에 나올 수 있었던 거예요.

박정희는 장기 집권을 하고자 대통령의 3회 연임을 허용하는 3선 개헌을 추진했어요. 국민들과 야당은 3선 개헌을 반대하는 시위를 전개했지만 3선 개헌안은 결국 통과되었습니다. 그 결과 박정희는 제7대 대통령 선거에 출마하여 당선되었고, 3회 연임에 성공한 박정희는 더 이상 대통령 선거에 출마할 수 없게 되었답니다.

✱ 유신 헌법이 통과된 배경은 무엇일까?

유신 헌법의 배경은 국제 사회의 변화에서 시작됩니다. 닉슨 독트린이 발표되면서 냉전 체제가 완화되어 그동안 반공을 내세운 박정희 정부의 기반이 약화되기 시작했어요. 박정희 정부는 비밀리에 북한과 대화를 나누었고, 그 결과 통일의 3대 원칙을 담은 **7·4 남북 공동 성명이 발표**되었어요. 7·4 남북 공동 성명의 발표로 국민들은 통일에 대해 관심을 가지게 되었고, 박정희 정부는 통일에 대비한다는 명분으로 **전국에 비상계엄령을 선포하고 유신 헌법을 통과**시켰습니다.

더 알아보기

✱연임
원래 정해진 임기를 마친 뒤 계속하여 그 직위에 머무름

닉슨 독트린
미국 대통령 닉슨의 아시아에 대한 외교 정책을 말해요. 이로 인해 기존 반공 정책이 평화 공존 정책으로 바뀌게 되었어요.

✱냉전
미국 중심의 자본주의 진영과 소련 중심의 공산주의 진영의 대립을 뜻함

왕처럼 엄청난 권력을
가진 대통령이군!

＊무기명
이름을 적지 않음

✳ 유신 헌법에는 어떤 내용이 담겨있을까?

　유신 헌법에는 **대통령의 임기를 6년**으로 한다는 내용과 **중임 제한을 폐지**한다는 내용이 있었어요. 중임 제한이 폐지되면서 박정희는 횟수 제한 없이 대통령직을 맡을 수 있게 되었습니다. 또한 **대통령을 국민이 선출하는 것이 아니라 통일 주체 국민 회의에서 선출(간선제)**한다는 내용도 포함되었어요. 유신 헌법에는 대통령의 권한도 나열되어 있었는데요, 대표적으로 대통령이 국회 의원의 3분의 1을 추천할 수 있는 권한, 국회를 해산할 수 있는 권한(국회 해산권), **국민의 기본권을 제한할 수 있는 권한(긴급 조치권)** 등이 들어있었어요.

유신 헌법의 일부

제39조　대통령은 통일 주체 국민 회의에서 토론 없이 무기명＊투표로 선거한다.

제53조　대통령은 천재지변 또는 중대한 재정·경제상의 위기에 처하거나, 국가의 안전 보장 또는 공공의 안녕질서가 중대한 위협을 받을 우려가 있어, 신속한 조치를 할 필요가 있다고 판단할 때에는 내정·외교·국방·경제 등 국정 전반에 걸쳐 필요한 긴급 조치를 할 수 있다.

제59조　대통령은 국회를 해산할 수 있다.

설쌤의 한국사 스토리텔링

유신 체제의 붕괴 과정을 알아봅시다.

✳ 유신 반대 투쟁은 어떻게 전개되었을까?

1972년 12월 유신 헌법에 따라 새롭게 제8대 대통령 선거가 열리게 되었고, 박정희가 통일 주체 국민 회의를 통해 당선되었어요. 이로써 유신 체제가 성립되었습니다.

그러나 시간이 지날수록 유신 체제에 대한 반발이 커져갔고 **유신 반대 투쟁이 전개**되었어요. 장준하 등은 **개헌 청원 100만인 서명 운동**을 전개했고, 대학생들도 유신 헌법 폐지를 요구하는 시위를 전개했어요. 또한, 김대중 등도 명동 성당에서 유신 체제를 비판하는 **3·1 민주 구국 선언을 발표**했답니다. 이렇게 유신 체제를 반대하는 투쟁이 전개될 때마다 박정희 정부는 긴급 조치를 발표하여 이를 탄압했어요.

더 알아보기

긴급 조치 9호의 일부
- 다음 각호의 행위를 금한다.
 - 유언비어를 날조, 유포하거나 왜곡하여 전파하는 행위
   ……
 - 이 조치를 공연히 비방하는 행위
- 이 조치에 위반한 자는 영장 없이 체포·구속·압수 또는 수색할 수 있다.

✱ 유신 체제는 어떻게 붕괴되었을까?

　　유신 체제는 YH 무역 사건을 계기로 흔들리기 시작했어요. **YH 무역 사건**은 YH 무역 회사가 일방적으로 폐업을 하자 이에 항의하는 여성 노동자들을 경찰이 강제적으로 진압하는 과정에서 여성 노동자 1명이 사망한 사건을 말해요. 이 사건에 대해 야당 총재 김영삼이 항의하자 박정희 정부는 김영삼을 국회 의원직에서 제명˚했어요. 그러자 김영삼의 정치 근거지인 **부산과 마산 일대에서 유신 체제를 비판하는 대규모 시위가 벌어졌고, 이를 부·마 민주 항쟁**이라 불러요. 이처럼 유신 체제를 비판하는 시위가 확산되는 가운데 **박정희가 10월 26일 중앙정보부장 김재규에 의해 피살˚되었고(10·26 사태) 유신 체제는 붕괴**되었답니다.

✱**제명**
명단에서 이름을 빼서 자격을 없앰

✱**피살**
죽임을 당함

초능력 온달 ⭕❌ 퀴즈　이 글의 내용과 일치하면 O표, 일치하지 않으면 X표 해보세요.

❶ 유신 헌법에 따라 대통령은 국민의 기본권을 제한하는 긴급 조치권을 행사할 수 있었습니다.　(⭕ , ❌)

❷ 유신 헌법이 적용되던 시기에 명동 성당에서 3·1 민주 구국 선언이 발표되었습니다.　(⭕ , ❌)

초능력 평강 퀴즈

❶ ㉠에 들어갈 단어를 쓰시오.

> 유신 헌법에는 대통령의 임기 6년과 대통령을 (㉠)에서 선출한다는 내용이 담겨 있었어요.

(　　　　　　)

❷ 다음 헌법이 제정된 이후 발생한 사실을 고르시오.

(　　　　)

> 제39조　① 대통령은 통일 주체 국민 회의에서 토론 없이 무기명 투표로 선거한다.
>
> 제53조　② 대통령은 … 국민의 자유와 권리를 잠정적으로 정지하는 긴급 조치를 할 수 있고, …

① 6·25 전쟁이 발발하였다.
② 농지 개혁법이 제정되었다.
③ 부·마 민주 항쟁이 일어났다.
④ 3·15 부정 선거가 발생하였다.
⑤ 모스크바 3국 외상 회의가 개최되었다.

🎯 정답과 해설 9쪽

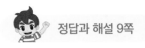

우리학교 객관식 문제

01 (가)에 들어갈 내용으로 옳은 것은?

7 · 4 남북 공동 성명 발표
↓
(가)
↓
부 · 마 민주 항쟁

① 3선 개헌
② 4 · 19 혁명
③ 사사오입 개헌
④ 유신 헌법 통과
⑤ 5 · 16 군사 정변

02 아래의 헌법이 적용된 시기에 있었던 사실을 〈보기〉에서 옳게 고른 것은?

제39조 대통령은 통일 주체 국민 회의에서 토론 없이 무기명 투표로 선거한다.

제53조 대통령은 …… 신속한 조치를 할 필요가 있다고 판단할 때에는 내정·외교·국방·경제 등 국정 전반에 걸쳐 필요한 긴급 조치를 할 수 있다.

┤ 보기 ├

ㄱ. 2 · 8 독립 선언
ㄴ. 광주 학생 항일 운동
ㄷ. 3 · 1 민주 구국 선언
ㄹ. 개헌 청원 100만인 서명 운동

① ㄱ, ㄴ
② ㄱ, ㄷ
③ ㄴ, ㄷ
④ ㄴ, ㄹ
⑤ ㄷ, ㄹ

우리학교 주관식 문제

03 ㉠, ㉡에 들어갈 단어를 쓰시오.

(㉠)이/가 발표되면서 냉전 체제가 완화되어 그동안 반공을 내세운 박정희 정부의 기반이 약화되기 시작하였어요. 박정희 정부는 비밀리에 북한과 대화를 나누었고 그 결과 통일의 3대 원칙을 담은 (㉡)이/가 발표되었어요.

• ㉠ :

• ㉡ :

한국사능력검정시험

04 다음 대화에 나타난 민주화 운동으로 옳은 것은?
기본 54회

① 4 · 19 혁명
② 6월 민주 항쟁
③ 부 · 마 민주 항쟁
④ 5 · 18 민주화 운동

오픈아이

한판 정리

 5·18 민주화 운동과 6월 민주 항쟁

	5·18 민주화 운동(1980)	6월 민주 항쟁(1987)
배경	전두환 등 신군부의 정권 장악 (12·12 사태), 비상계엄령 전국 확대	국민들의 대통령 직선제 개헌 요구
전개	광주의 학생과 시민의 시위 전개 → 시민군 vs 계엄군 → 계엄군의 진압 → 전두환이 대통령으로 선출	박종철 고문치사 사건 → 4·13 호헌 조치 → 이한열 사망, 호헌 철폐와 독재 타도를 외치며 시민들이 시위 전개 → 6·29 민주화 선언
특징	관련 기록물이 유네스코 세계 기록 유산으로 등재	개헌으로 이어짐, 대통령 임기 5년, 단임제, 대통령 직선제

설쌤의 한국사 스토리텔링

5·18 민주화 운동에 대해 알아봅시다.

더 알아보기

* **반란**

정부 등에 반대하여 난을 일
으킴

12·12 사태

12·12 사태는 12·12 군사 반
란이라고도 표현해요.

✳ 신군부는 어떤 세력일까?

　10·26 사태로 박정희 대통령이 사망한 이후 비상계엄령이 선포되었고, 통일 주체 국민 회의에서 새로운 대통령으로 최규하가 선출되었습니다. 국민들 사이에서는 유신 체제가 끝나고 민주주의 사회가 올 것이라는 기대가 커져갔어요. 그러나 이 기대는 **12월 12일 전두환 등 신군부 세력이 군사 반란[*]을 일으켜 정치 권력을 장악(12·12 사태)**하면서 유신 체제가 끝나지 않을 수 있다는 걱정으로 바뀌게 되었어요. 슬픈 예감은 틀린 적이 없다는 말처럼 신군부 세력은 유신 체제를 유지하며 적극적으로 정치에 영향력을 행사하기 시작했습니다.

✳ 서울의 봄은 무엇일까?

신군부가 정권을 장악한 이후부터 1980년 5월까지 국민들은 신군부 세력을 향해 정권을 내려놓고 물러날 것, 유신 헌법을 폐지할 것, 비상계엄령을 철폐할 것 등을 요구하며 민주화 운동을 전개했어요. 이때 일어난 민주화 운동을 '서울의 봄'이라고 해요. 당시 서울역 앞에는 10만여 명의 국민들이 모였다고 합니다.

그러나 **신군부 세력은 국민들의 민주화 요구를 무시하고 오히려 5월 17일 비상계엄을 전국으로 확대**하여 국민들을 체포하고 시위와 집회를 금지했어요.

✳ 5·18 민주화 운동은 어떻게 전개되었을까?

비상계엄령이 전국적으로 선포되고 시위와 집회가 금지된 상황이었지만, **5월 18일 광주에서는 신군부가 물러날 것과 비상계엄 철폐를 요구하는 시위가 일어났어요(5·18 민주화 운동).** 당시 신군부 세력은 계엄군을 보내 시위대를 향해 무자비하게 총을 쐈고 이때 많은 시민들이 죽거나 다쳤어요.

계엄군의 무자비한 진압에 화가 난 시민들은 경찰서 등에서 무기를 구해 **시민군**을 만들었어요. 아무리 시민군이 결성되었다고는 하지만 전문적으로 훈련받은 계엄군에게 시민군은 상대가 되지 못하였어요. 계엄군은 언론을 조작하여 광주 시민들이 폭동을 일으켰다고 보도하며, 광주에서 주변 지역으로 이어지는 모든 통로를 차단했어요.

당시 광주 시민들은 더 이상 사람들이 다치는 것을 막기 위해 신군부 세력에 협상을 제안하였지만, 신군부 세력이 탱크와 헬기까지 투입하여 시민군을 진압함으로써 5·18 민주화 운동은 끝났습니다.

비록 성공하진 못했지만 5·18 민주화 운동은 이후에 전개된 민주화 운동의 기반이 되었고, **5·18 민주화 운동 관련 기록물은 2011년 유네스코 세계 기록 유산으로 등재**되었답니다.

더 알아보기

서울의 봄
서울의 봄은 1980년에 일어난 민주화의 물결을 의미해요. 그렇다면 왜 '서울의 봄'이라는 단어를 사용했을까요? 이는 1968년 체코슬로바키아의 '프라하의 봄'을 비유해 사용한 단어랍니다.

✳집회
어떤 목적을 위해 여러 사람이 일시적으로 모임

광주 시민군의 궐기문
우리는 왜 총을 들 수밖에 없었는가? 그 대답은 너무나 간단합니다. …… 정부 당국에서는 17일 야간에 계엄령을 확대 선포하고 일부 학생과 민주 인사, 정치인을 도무지 믿을 수 없는 구실로 불법 연행하였습니다.…… 계엄 당국은 18일 오후부터 공수 부대를 대량 투입하여 시내 곳곳에서 학생, 젊은이들에게 무차별 살상을 자행하였으니!

6월 민주 항쟁에 대해 알아봅시다.

 **더 알아보기**

1년 만에 다시 대통령이 된 전두환?

전두환은 1980년 유신 헌법에 따라 통일 주체 국민 회의를 통해 제11대 대통령이 되었어요. 그리고 헌법을 바꾼 뒤 1981년 대통령 선거인단에 의해 제12대 대통령이 되었는데요, 이처럼 헌법이 바뀌는 과정에서 대통령의 임기가 변화하면 바뀐 헌법에 따라 새롭게 대통령 선거를 실시했답니다.

✳ 6월 민주 항쟁 이전에는 어떤 일이 있었을까?

　5·18 민주화 운동을 강압적으로 진압한 전두환은 최규하 대통령을 물러나게 한 뒤 통일 주체 국민 회의를 통해 제11대 대통령으로 선출되었어요. 그러나 전두환 정부는 국민들의 정부에 대한 인식이 부정적임을 느끼고 유신 헌법의 일부를 바꾸었어요. 이때 바뀐 헌법의 내용은 **대통령 선거인단이 대통령을 선출(간선제)하고, 대통령의 임기는 7년이며 한 번만 대통령직을 맡을 수 있다는 내용**이었어요. 이렇게 바뀐 헌법에 따라 다시 대통령 선거가 열렸고 대통령 선거인단에 의해 제12대 대통령으로 전두환이 당선되었습니다.

　시간이 지나 전두환 정부의 임기가 끝나갈 무렵에 국민들 사이에서는 대통령을 국민의 손으로 직접 뽑는 직선제 요구가 나오기 시작했고, 이는 6월 민주 항쟁으로 이어졌습니다.

✳ 6월 민주 항쟁은 어떻게 전개되었을까?

직선제를 요구하는 국민들의 목소리가 점점 커져가자 전두환 정부는 여러 가지 사건을 조작하고 고문 수사를 진행하며 직선제 요구를 없애려 했어요. 그 과정에서 서울대학교를 다니고 있던 **박종철이 고문을 받아 사망하는 일이 발생했어요(박종철 고문치사✳ 사건)**. 이때 전두환 정부는 고문 수사를 한 사실을 숨기기 위해 '책상을 탁하고 치니 억하고 죽었다'며 거짓 발표를 했습니다. 여기에 엎친 데 덮친 격으로 **전두환 정부는 4월 13일에 직선제 개헌 없이 다음 정부에 정권을 넘긴다는 4·13 호헌✳ 조치를 발표**했어요.

이 소식을 들은 국민들은 크게 분노하였고, 직선제 개헌을 요구하는 시위가 전국적으로 퍼져 나갔습니다. 이때 전두환 정부는 강압적으로 시위를 진압하려 했고, 시위 진압 과정에서 연세대학교 학생 **이한열이 날아오는 최루탄에 맞아 사망하는 사건이 발생**했어요. 학생들의 죽음에 더욱 더 분노한 국민들은 6월 10일에 전국 주요 도시에 모여 **'호헌 철폐'와 '독재 타도'를 외치며 시위를 전개**했답니다(6월 민주 항쟁).

✳고문치사
지나치게 심한 고문으로 인해 죽게 함

✳호헌
헌법을 보호하여 지킴

✳ 6월 민주 항쟁의 결과는 어떻게 되었을까?

　시위가 전국적으로 일어나자 **전두환 정부는 여당 대표 노태우를 통해 국민들의 직선제 요구를 받아들인다는 6·29 민주화 선언을 발표**했어요. 이후 헌법이 개정되어 **대통령의 임기는 5년, 한 번만 대통령직을 맡을 수 있고 직선제로 대통령을 선출한다는 내용**이 담겼답니다. 결국 6월 민주 항쟁으로 대통령을 국민의 손으로 직접 뽑는 직선제가 이루어지게 되었습니다.

6·29 민주화 선언 일부

첫째, 여야* 합의하에 대통령 직선제로 개헌하고, 새 헌법에 의한 대통령 선거로 1988년 2월 평화적인 정권 이양을 실현하도록 해야겠습니다.

＊여야
여당과 야당을 합친 말

초능력 온달 ⭕❌ 퀴즈

이 글의 내용과 일치하면 O표, 일치하지 않으면 X표 해보세요.

❶ 5·18 민주화 운동 당시 시민들은 시민군을 결성하여 계엄군에 저항하였습니다. 　　　　　　(⭕ , ❌)
❷ 국민들의 직선제 요구가 거세지자 전두환 정부는 여당 대표 노태우를 통해 6·29 민주화 선언을 발표하였습니다. (⭕ , ❌)

초능력 평강 퀴즈

❶ 다음 자료와 관련된 민주화 운동을 쓰시오.

우리는 왜 총을 들 수밖에 없었는가? 그 대답은 너무나 간단합니다. …… 정부 당국에서는 17일 야간에 계엄령을 확대 선포하고 일부 학생과 민주 인사, 정치인을 도무지 믿을 수 없는 구실로 불법 연행하였습니다.…… 계엄 당국은 18일 오후부터 공수 부대를 대량 투입하여 …… 무차별 살상을 자행하였으니!

(　　　　　　　　)

❷ 6월 민주 항쟁 당시 시민들의 요구 사항으로 알맞은 것을 고르시오. 　　　　　(　　　)

① 유신 헌법을 폐지할 것
② 부정 선거를 무효화할 것
③ 남한만의 단독 정부를 수립할 것
④ 대통령 직선제로 헌법을 바꿀 것
⑤ 굴욕적인 한일 외교를 하지 말 것

😊 정답과 해설 10쪽

 **초능력 Level up 문제**

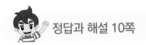 정답과 해설 10쪽

우리학교 객관식 문제

01 5·18 민주화 운동에 대한 사실로 옳지 <u>않은</u> 것은?

① 광주에서 일어났다.
② 신군부가 물러날 것을 요구하였다.
③ 비상계엄령을 철회할 것을 주장하였다.
④ 이승만 대통령이 물러나게 되는 계기가 되었다.
⑤ 관련 기록물이 유네스코 세계 기록 유산으로 등재되었다.

02 다음 자료와 관련된 민주화 운동에 대한 설명으로 옳은 것을 〈보기〉에서 고른 것은?

> 국민 합의 배신한 4·13 호헌 조치는 무효임을 전 국민의 이름으로 선언한다. 오늘 우리는 전 세계 이목이 우리를 주시하는 가운데 40년 독재 정치를 청산하고 희망찬 민주 국가를 건설하기 위한 거보를 전 국민과 함께 내딛는다.

───── 보기 ─────
ㄱ. 유신 헌법 폐지를 요구하였다.
ㄴ. 6·29 민주화 선언으로 이어졌다.
ㄷ. 3·15 부정 선거가 원인이 되었다.
ㄹ. 시위 과정에서 이한열 학생이 사망하였다.

① ㄱ, ㄴ ② ㄱ, ㄷ
③ ㄴ, ㄷ ④ ㄴ, ㄹ
⑤ ㄷ, ㄹ

우리학교 주관식 문제

03 ㉠, ㉡에 들어갈 단어를 쓰시오.

> • 1987년 서울대학교 학생 (㉠)이/가 경찰의 고문을 받다가 사망하였어요.
> • 1987년 시위 과정에서 연세대학교 학생 (㉡)이/가 경찰이 쏜 최루탄을 맞고 결국 사망하자 시위가 전국적으로 확대되었어요.

• ㉠ :

• ㉡ :

한국사능력검정시험

04 다음 자료로 알 수 있는 민주화 운동에 대한 설명으로 옳은 것은?

기본 52회

고문 살인 은폐 규탄 및 호헌 철폐 국민 대회
• 일시: 1987년 6월 10일 오후 6시
• 장소: 성공회 대성당
• 주최: 박종철 고문 살인 은폐 조작 규탄 범국민 대회 준비 위원회
• 주관: 민주 헌법 쟁취 국민 운동 본부

① 대통령이 하야하는 결과를 가져왔다.
② 굴욕적인 한일 국교 정상화에 반대하였다.
③ 5년 단임의 대통령 직선제 개헌을 이끌어냈다.
④ 전개 과정에서 시민군이 자발적으로 조직되었다.

배운 내용으로 빈칸 채우기

05 부정 선거 재실시하라! 4·19 혁명

이승만 정부의 장기 집권	❷ ☐·19 ☐
● 1차 개헌: 간선제 → 직선제	● 배경: ❸ ☐·15 ☐ 정 ☐ 거
● 제2대 대통령: 이승만 당선	● 전개: ❹ ☐ ☐ 열 시신 발견 → 시위 전국
● 2차 개헌(❶ ☐ 사 ☐ 입 ☐ 헌):	확산 → 경찰의 총격 → 대학 교수단의 시위 →
초대 대통령에 한해 중임 제한 철폐	이승만이 대통령직에서 물러남
● 제3대 대통령: 이승만 당선	● 결과: 3차 개헌(내각 책임제)
	→ ❺ 장 ☐ 내각 출범

06 굴욕 외교 결사 반대! 한일 국교 정상화

유신 체제의 성립	유신 반대 투쟁과 유신 체제 붕괴
● 배경: ❶ ☐·16 군 ☐ ☐ 변	● 배경: 경제 개발 자금 마련
→ 혁명 공약 발표, ❷ ☐ 가 ☐ 건 ☐	● 전개: 한일 회담 시작
고 ☐ 의 구성	→ 김종필 · 오히라 메모 공개
● 박정희 군정 실시: 중앙정보부 설치, 헌법 개정	→ ❸ ☐·3 ☐ 위 전개 → 비상계엄령
(대통령 중심제)	선포, 군대 동원 → 시위 진압 → ❹ 한·☐
● 제5대 대통령 선거(1963): 박정희 당선 →	☐ 정 (한 · 일 기본 조약) 체결
박정희 정부 수립	● 결과: 경제 개발 자금 확보
	● 한계: 일본의 식민 지배에 대한 배상과 사과는
	받지 못함

07 국민의 기본권을 제한하다, 유신 헌법

유신 체제의 성립	유신 반대 투쟁과 유신 체제 붕괴
● 배경 ❶ ☐ · 4 ☐ 북 ☐ 동 ☐ 명 발표 → 비상계엄령 선포 → 유신 헌법 통과 ● 유신 헌법의 내용: 대통령 임기 6년, 중임 제한 폐지, ❷ 통 ☐ ☐ 체 ☐ 민 ☐ 회 ☐ 에서 대통령 선출(간선제), 대통령은 국회 의원의 3분의 1 추천권, 국회 해산권, ❸ 긴 ☐ ☐ 조 ☐ 권 을 가짐 ● 유신 체제의 성립: 유신 헌법에 따라 통일 주체 국민 회의를 통해 제8대 대통령에 박정희 당선	● 유신 반대 투쟁 　– 개헌 청원 100만인 서명 운동 　– 3 · 1 민주 구국 선언 ● 유신 체제 붕괴: ❹ Y ☐ ☐ 역 ☐ 건 → 김영삼의 국회 의원직 제명 → ❺ ☐ 마 ☐ 주 ☐ 쟁 → 10 · 26 사태

08 민주화를 위해 흘린 피, 5·18 민주화 운동과 6월 민주 항쟁

	❶ ☐ · 18 ☐ 주 ☐ ☐ 동 (1980)	6월 민주 항쟁(1987)
배경	❷ ☐ ☐ 환 등 신군부의 정권 장악 (12 · 12 사태), 비상계엄령 전국 확대	국민들의 대통령 직선제 개헌 요구
전개	광주의 학생과 시민의 시위 전개 → 시민군 vs 계엄군 → 계엄군의 진압 → 전두환이 대통령으로 선출	❸ ☐ 종 ☐ 고문치사 사건 → ❹ ☐ · 13 ☐ 헌 ☐ 치 → 이한열 사망, 호헌 철폐와 독재 타도를 외치며 시민들이 시위 전개 → ❺ ☐ · 29 ☐ 주 ☐ ☐ 언
특징	관련 기록물이 유네스코 세계 기록 유산 등재	5년 단임의 대통령 직선제 개헌

설쌤의 지식 오픈!

> # 5·18 민주화 운동의 진실을 카메라에 담은 힌츠페터

신군부는 비상계엄령 확대와 독재 정치에 맞선 광주 시민들의 시위를 무자비하게 탄압했어요. 그 과정에서 수많은 사람들이 희생되었지만, 광주 밖의 다른 지역에서는 이 상황을 제대로 알지 못했다고 해요. 왜냐하면 계엄군이 광주 외곽을 둘러싸고 광주를 외부로부터 고립시켰으며, 광주의 상황을 뉴스에서 보도하지 못하도록 했기 때문이에요. 하지만 점차 5·18 민주화 운동의 진실이 사람들에게 알려지기 시작했는데, 그 중심에는 당시 상황을 사진과 영상으로 기록한 독일 기자 힌츠페터가 있었어요. 외국인이었던 힌츠페터는 당시 삼엄한 경비를 뚫고 광주 시내까지 들어가는 데 성공했고, 신군부에 의해 감춰졌던 진실을 밝히는 데 중요한 역할을 했어요.

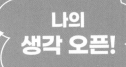

6월 민주 항쟁 당시 국민들의 요구 사항을 국민 청원글 형태로
만들어 봅시다.

- 청원진행중 -

〈청 원 제 목〉

카테고리	민주주의	청원시작	1987-06-○○
청원마감	1987-06-○○	청원인	dankkum-***

청원 동의 1,987,000명

닉네임 ☐

동의

3 " 끝나지 않은 이야기,
민주화 발전과
평화 통일을 위한 노력 "

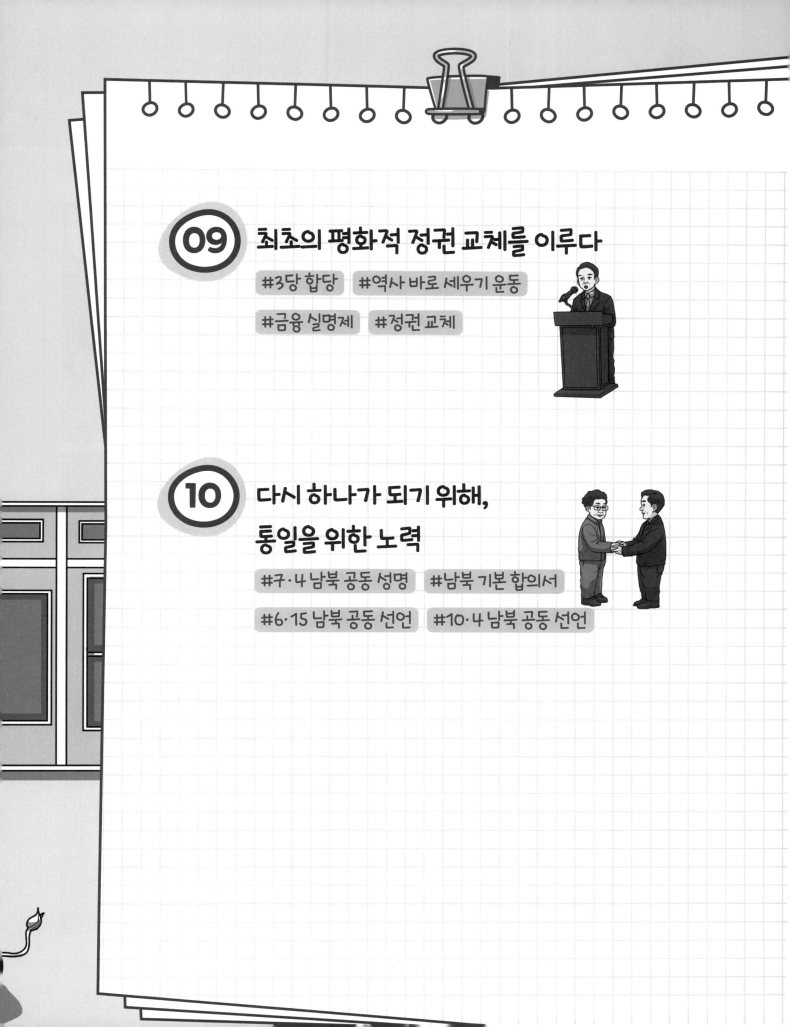

09 최초의 평화적 정권 교체를 이루다

#3당 합당 #역사 바로 세우기 운동

#금융 실명제 #정권 교체

10 다시 하나가 되기 위해,
통일을 위한 노력

#7·4 남북 공동 성명 #남북 기본 합의서

#6·15 남북 공동 선언 #10·4 남북 공동 선언

오픈아이

설쌤! 제가 나중에 왕의 사위가 되면 국민들을 위해 봉사하고 싶어요!

온달이 대견하구나!

소식 들었어? 이번에 김대중 후보가 대통령에 당선되었대~!

그럼! 드디어 최초로 평화적인 방법으로 여야 정권 교체가 이루어졌네!

오잉? 최초의 여야 정권 교체?

설쌤! 혹시 지금이 4·19 혁명 직후 인가요?

아니! 지금은 1997년 제15대 대통령 선거 직후란다!

이상하네요~ 4·19 혁명으로 여당과 야당* 간에 정권 교체는 이미 이루어진 적이 있는데, 왜 사람들은 지금이 최초의 여야 정권 교체라고 말하는 건가요?

* 여당: 현재 정권을 잡고 있는 정당
* 야당: 현재 정권을 잡고 있지 않은 정당

이승만 정부에서 장면 내각으로 정권 교체가 된 것은 평화적인 방법으로 교체된 것이 아니라 혁명으로 정권이 교체된 거야. 지금 사람들이 말하는 것은 평화적인 방법으로 정권 교체된 것을 말하고 있어!

평강이 말이 맞아! 온달이가 헷갈리는 부분을 이번 강의에서 쌤이 제대로 설명해줄게! 그럼 강의 들으러 가볼까?

한판 정리

노태우 정부~김대중 정부

노태우 정부	김영삼 정부	김대중 정부
• 제13대 대통령 선거: 여당 후보 노태우 당선 (역대 최저 득표율) → 여야 정권 교체 실패 • 3당 합당: 민주 자유당 창당 (여당)	• 제14대 대통령 선거: 여당 후보 김영삼 당선 → 여야 정권 교체 실패 • 역사 바로 세우기 운동 - 12·12 사태 관련자 및 5·18 민주화 운동 진압 관련자에 대한 처벌 → 전두환, 노태우 등에게 실형 선고 - 조선 총독부 건물 철거 • 금융 실명제 시행 • 외환 위기	• 제15대 대통령 선거: 야당 후보 김대중 당선 → 최초의 평화적 방법에 의한 여야 정권 교체 • 금 모으기 운동 등 → 외환 위기 극복

6월 민주 항쟁 이후의 상황에 대해 알아봅시다.

더 알아보기

＊단일화
하나로 됨

＊과반수
50%를 넘는 수

＊여소야대
상대적으로 여당 국회 의원
의 수가 적고 야당 국회 의원
수가 많은 상태

3당 합당
노태우 정부는 여소 야대 상황을
극복하기 위하여 여당인 민주 정
의당과 김영삼의 통일 민주당, 김
종필의 신민주 공화당을 합당하
여 민주 자유당을 창당했어요.

＊ 노태우 정부 시기에는 어떤 일이 있었을까?

6월 민주 항쟁이 끝난 이후 바뀐 헌법에 따라 제13대 대통령 선거가 실시되었어요. 당시 여당 후보로 노태우, 야당 후보로 김영삼·김대중 등이 출마했는데, 대부분의 사람들은 전두환과 함께 12·12 사태를 일으킨 여당 후보 노태우가 아닌 야당 후보 중에서 대통령이 나올 것이라 기대했어요. 이러한 기대는 김영삼과 김대중이 후보 단일화＊ 협상을 진행하면서 더욱 커져갔답니다. 하지만 두 후보 간의 단일화 협상은 성과 없이 끝나버렸고, 김영삼과 김대중은 따로따로 선거에 출마했어요. 그리고 선거의 결과가 발표되었을 때 국민들은 깜짝 놀라게 됩니다. 왜냐하면 신군부 출신 노태우 후보가 대통령에 당선되었기 때문이에요. 한편, 이후 치러진 국회 의원 선거에서 야당이 의석의 과반수＊를 차지하게 되면서 **여소야대＊ 국회가 형성**되었어요. 이로 인해 정치적 어려움을 겪던 **여당은 3당 합당을 통해 민주 자유당을 창당**하였습니다.

✱ 김영삼 정부 시기에는 어떤 일이 있었을까?

1992년에 열린 제14대 대통령 선거에서는 여당인 민주 자유당의 김영삼 후보가 대통령에 당선되었어요. 또다시 여당에서 대통령이 선출되어 여야 정권 교체는 이루어지지 못했답니다.

김영삼 정부는 여러 가지 개혁 정책을 펼쳤는데요, **역사 바로 세우기 운동을 추진**하여 12·12 사태 관련자 및 5·18 민주화 운동 진압 관련자에 대한 처벌을 했어요. 이 과정에서 전직 대통령이었던 전두환, 노태우 등이 실형[*]을 받았습니다. 또한, **옛 조선 총독부 건물을 철거**[*]하여 식민 통치의 남은 흔적을 없애고자 했어요. 그리고 **공정한 금융 거래와 불법적인 정치 자금 거래를 막기 위해 금융 실명제를 시행**했습니다. 이와 같은 개혁 정책에도 불구하고 김영삼 정부가 끝날 무렵, 급격한 경제 성장에 따른 부작용이 나타났어요. 외국에 진 빚을 감당하지 못해 **외환 위기가 발생**하였고, 우리 정부는 국제 통화 기금(IMF)에 금융 지원을 요청하게 되었습니다.

 더 알아보기

✱실형
법원에서 결정된 형벌 중 실제로 시행된 형벌

✱철거
건물 등을 무너뜨려 없앰

우리나라의 외환 위기
우리나라는 외환 위기 당시 국제 통화 기금(IMF)과 양해 각서를 체결하고 금융 지원을 받아 국가 부도를 막을 수 있었어요. 그러나 금융 지원의 대가로 국제 통화 기금(IMF)의 요구에 따라 기업에 대한 구조 조정을 할 수 밖에 없었고, 이 과정에서 많은 사람들이 일자리를 잃어버리게 되었답니다.

✱ 김대중 정부 시기에는 어떤 일이 있었을까?

외환 위기 상황 속에서 제15대 대통령 선거가 치러졌고, 야당의 김대중 후보가 당선되었어요. 이로써 **대한민국 정부 수립 이후 최초로 선거를 통한 평화적인 여야 정권 교체**가 이루어졌습니다. 과거 4·19 혁명으로 여당인 자유당에서 야당인 민주당으로 정권 교체가 된 적이 있었지만, 이는 평화적인 방법으로 정권 교체가 된 것이 아니었어요.

김대중 정부는 출범하자마자 **외환 위기를 극복하기 위해 금 모으기 운동 등 다양한 정책을 펼쳤고**, 그 결과 국제 통화 기금(IMF)의 지원금을 조기✱ 상환✱하고 외환 위기에서 벗어날 수 있었답니다.

✱조기
이른 시기

✱상환
갚거나 돌려줌

초능력 온달 ◯ ✕ 퀴즈 이 글의 내용과 일치하면 O표, 일치하지 않으면 X표 해보세요.

❶ 노태우 정부 때 여소야대 국회가 형성되었습니다. (◯ , ✕)
❷ 김영삼 대통령 때 금 모으기 운동 등을 통해 외환 위기를 극복하였습니다. (◯ , ✕)

초능력 평강 퀴즈

❶ 다음에서 설명하는 정책을 쓰시오.

• 김영삼 정부 때 시행되었어요.
• 공정한 금융 거래와 불법적인 정치 자금 거래를 막기 위한 정책이에요.

( )

❷ 다음 중 김대중 정부 시기에 있었던 사실로 옳은 것은?

( )

① 외환 위기를 극복하였다.
② 한·일 협정이 체결되었다.
③ 여소야대 국회가 형성되었다.
④ 4·13 호헌 조치가 발표되었다.
⑤ 사사오입 개헌안이 통과되었다.

🔅 정답과 해설 11쪽

초능력 Level up 문제

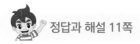 정답과 해설 11쪽

우리학교 객관식 문제

01 다음 중 김영삼 정부 시기에 있었던 사실을 〈보기〉에서 고른 것은?

┤ 보기 ├
ㄱ. 6·3 시위
ㄴ. 금융 실명제 시행
ㄷ. 민주 자유당 창당
ㄹ. 옛 조선 총독부 건물 철거

① ㄱ, ㄴ
② ㄱ, ㄷ
③ ㄴ, ㄷ
④ ㄴ, ㄹ
⑤ ㄷ, ㄹ

02 〈보기〉의 사실을 순서대로 바르게 나열한 것은?

┤ 보기 ├
ㄱ. 6월 민주 항쟁
ㄴ. 노태우 대통령 당선
ㄷ. 역사 바로 세우기 운동
ㄹ. 국제 통화 기금(IMF)으로부터 받은 금융 지원금 조기 상환

① ㄱ - ㄴ - ㄷ - ㄹ
② ㄱ - ㄴ - ㄹ - ㄷ
③ ㄴ - ㄱ - ㄷ - ㄹ
④ ㄷ - ㄴ - ㄹ - ㄱ
⑤ ㄷ - ㄴ - ㄱ - ㄹ

우리학교 주관식 문제

03 제15대 대통령 선거에서 야당 후보 김대중이 당선된 것을 최초의 평화적인 정권 교체라고 표현하는 이유에 대해 쓰시오.

_____

_____

_____

한국사능력검정시험

04 (가)에 들어갈 내용으로 옳은 것은?

기본 60회

① 금융 실명제를 실시했어.
② 경부 고속 도로를 준공했어.
③ 제1차 경제 개발 5개년 계획을 추진했어.
④ 미국과 자유 무역 협정(FTA)을 체결했어.

⑩ 다시 하나가 되기 위해, 통일을 위한 노력

1972년 — 7·4 남북 공동 성명
1991년 — 남북 기본 합의서
2000년 — 6·15 남북 공동 선언

오픈아이

온달아! 드디어 마지막이야!

끝까지 열심히 해야지!

이 아이는 고구려와 우리의 역사를 구할 거야…!

설쌤! 저기 오른쪽에 계신 분은 지난 시간에 배운 김대중 대통령님 아니신가요?

오! 기억하네!

그럼요! 전 이제 더 이상 바보가 아니라구요! ㅎㅎ

그런데 왼쪽 분은 누구신가요?

왼쪽은 북한의 김정일 국방 위원장이야.

오잉? 설쌤! 6·25 전쟁 이후 남과 북은 분단 상태인데 어떻게 만나요?

분단 상태이지만 남과 북의 정상이 처음으로 만난 역사적 순간이지!

정상 회담에서 어떤 대화를 나누었나요?

궁금하지? 쌤이 강의에서 자세히 설명해줄게! 그럼 우리 강의 들으러 떠나볼까?

네! 설쌤!

왈왈

한판 정리

평화 통일을 위한 노력

박정희 정부	7·4 남북 공동 성명(1972) → 남북 조절 위원회 설치
노태우 정부	남북한 유엔 동시 가입 → 남북 기본 합의서 채택 → 한반도 비핵화 공동 선언 채택
김대중 정부	• 햇볕 정책: 금강산 관광 시작 • 제1차 남북 정상 회담 → 6·15 남북 공동 선언 • 개성 공단 조성 합의
노무현 정부	• 개성 공단 완성 • 제2차 남북 정상 회담 → 10·4 남북 공동 선언

설쌤의 한국사 스토리텔링

시기별 통일 정책에 대해 알아봅시다.

✳ 6 · 25 전쟁 이후의 남북 상황은 어땠을까?

　1950년 북한의 불법 남침으로 벌어진 6 · 25 전쟁은 3년 동안 수많은 사상자와 이산가족을 남긴 채 정전(휴전)이 되었어요. 전쟁으로 인해 대한민국은 북한과 사이가 더욱 나빠졌고, **이승만 정부는 무력으로 북한을 공격하여 통일하자는 북진 통일을 주장**했지요.

　4 · 19 혁명으로 이승만 정부가 무너지고 **장면 내각이 들어선** 이후에는 학생들이 남북 학생 회담을 요구하는 등 **평화 통일 운동이 활발히 전개**되었어요. 그러나 5 · 16 군사 정변 이후 **박정희 군정 아래에서 평화 통일 운동은 위축되었고 반공이 우선시**되었습니다.

✻ 박정희 정부는 통일을 위해 어떤 노력을 했을까?

박정희 정부 초기에는 북한에서 무장간첩을 보내 청와대를 습격하면서 남북 관계가 좋지 못했어요. 그러나 남북의 긴장 상황이 풀리는 계기가 생겼으니, 바로 미국 대통령 닉슨이 발표한 닉슨 독트린입니다. 닉슨 독트린이 발표되고 미국과 소련의 냉전 체제는 완화되기 시작했고, 남북한도 대립보다는 대화를 할 필요성을 느끼게 되었어요. 그리하여 남북은 1971년 이산가족 만남을 위한 남북 적십자 회담을 진행했어요. 이후 남북의 특사들이 비밀리에 오고가며 대화한 결과, **1972년 자주·평화·민족 대단결의 3대 원칙을 담은 7·4 남북 공동 성명이 서울과 평양에서 동시에 발표**되었답니다. 그리고 남북은 7·4 남북 공동 성명을 실현하기 위해 **남북 조절 위원회를 설치**했어요. 하지만 7·4 남북 공동 성명 발표 이후 **북한에서는 사회주의 헌법이, 남한에서는 유신 헌법이 제정되면서 7·4 남북 공동 성명은 남북한 독재를 강화하는 도구로 이용**되었습니다.

7·4 남북 공동 성명

첫째, 통일은 외세에 의존하거나 외세에 간섭을 받음이 없이 자주적으로 해결하여야 한다.

둘째, 통일은 서로 상대방을 반대하는 무력행사에 의거[*]하지 않고 평화적 방법으로 실현하여야 한다.

셋째, 사상과 이념, 제도의 차이를 초월하여 우선 하나의 민족으로서 민족적 대단결을 도모하여야 한다.

더 알아보기

무장간첩의 청와대 습격 사건 (1·21 사태)

1968년 1월 북한은 김신조 등 무장간첩 31명을 보내 청와대를 습격했어요. 이로 인해 남북 관계는 나빠지게 되었어요.

사회주의 헌법

북한에서 제정한 헌법으로 국가 주석이 절대 권력을 가진다는 내용이 담겨 있어요. 사회주의 헌법이 제정된 이후 김일성은 주석이 되어 독재를 강화하였답니다.

＊의거
어떤 사실이나 원리에 근거함

더 알아보기

*수교
나라와 나라 사이에 교제를
맺음

*고위급
높은 지위에 해당하는 사람

* 노태우 정부는 통일을 위해 어떤 노력을 했을까?

노태우 정부 때 서울 올림픽이 개최되었어요. 올림픽을 계기로 대한민국은 소련, 중국 등 공산주의 국가와 수교를 맺게 되었고, 자연스럽게 공산주의 국가인 북한과의 대화로 이어졌습니다. 그 결과 1991년 **남북한이 유엔에 동시 가입**하였고, 다섯 번의 남북 고위급 회담을 거친 끝에 **남북 기본 합의서를** 채택했어요. 남북 기본 합의서는 분단 이후 최초로 남북한 당국 사이에 이루어진 최초의 공식 합의로, **서로의 체제를 인정하고 서로 침략하지 않겠다고 합의**한 문서예요. 남북한은 이러한 평화적인 분위기를 이어가며 한반도 비핵화 공동 선언에도 합의했답니다.

남북 기본 합의서

제1조   남과 북은 서로 상대방의 체제를 인정하고 존중한다.
제9조   남과 북은 상대방에 대하여 무력을 사용하지 않으며 상대방을 무력으로 침략하지 아니한다.

✳ 김대중 정부는 통일을 위해 어떤 노력을 했을까?

더 알아보기

김영삼 정부 때 북한의 김일성이 사망하면서 예정되어 있던 남북 정상 회담은 끝내 이뤄지지 못했고, 남북 관계 역시 다시 얼어붙고 말았어요. 그러나 얼어붙은 **남북 관계는 김대중 정부의 햇볕 정책으로 풀리기 시작**했어요. 햇볕 정책의 일환으로 현대그룹 정주영 명예회장이 소 떼를 몰고 북한을 방문했고, 1998년부터 금강산 관광이 시작되었지요. 이러한 김대중 정부의 노력으로 2000년에 평양에서 **분단 이후 최초의 남북 정상 회담(제1차 남북 정상 회담)이 개최**되었답니다. 김대중 대통령은 북한의 평양을 방문하여 김정일 국방 위원장과 만나 통일 방안과 경제 협력 등에 관한 대화를 나누었고, 이때 **합의한 내용을 담은 6·15 남북 공동 선언을 발표**했어요. 이 선언에 따라 남북은 끊어진 철도를 연결하고 **개성 공단 조성에 합의**했답니다.

> **6·15 남북 공동 선언**
>
> 1. 나라의 통일 문제를 우리 민족끼리 서로 힘을 합쳐 …… 해결해 나가기로 하였다.
> 2. 나라의 통일을 위한 남측의 연합제 안과 북측의 낮은 단계의 연방제 안이 서로 공통성이 있다고 인정하고, 이 방향에서 통일을 지향하기로 하였다.

✳ **햇볕 정책**
대북 화해 협력 정책이라고도 불림

✳ **조성**
무엇을 만들어서 이룸

✳ **지향**
정한 방향으로 나아감

* 노무현 정부는 통일을 위해 어떤 노력을 했을까?

김대중 정부의 뒤를 이은 노무현 정부는 햇볕 정책을 이어받아 남북 관계를 평화 번영 정책으로 한층 더 발전시켰습니다. 평화 번영 정책의 일환으로 2003년 6월에 **개성 공단 건설을 시작하여 2004년에 완공했어요.** 개성 공단이 생기면서 남북의 물적·인적 교류가 활발해졌고, 이를 계기로 남북의 긴장감이 다소 완화되었답니다. **노무현 대통령은 김정일 국방 위원장과 만나 제2차 남북 정상 회담도 진행했습니다.** 회담을 통해 남북 정상은 남북 관계 발전과 한반도 평화, 민족 공동의 번영 등에 합의한 10·4 **남북 공동 선언을 발표**하였지요.

노무현 정부 이후 이명박 정부와 박근혜 정부 때 남북 관계에 긴장감이 형성되기도 하였지만, 문재인 정부 때는 다시 제3차 남북 정상 회담이 열리기도 했답니다.

우리나라는 아직도 정전(휴전) 상태이며 남북이 분단되어 있어요. 우리 설렘이들이 훌륭한 어른이 되어 한반도 문제를 해결해 나가 보아요!

지금까지 오픈아이 초등 한국사였고, 그동안 열심히 공부한 설렘이들! 설쌤이 아주 많이 칭찬해요! 그럼 우리는 다음에 더욱 멋지게 성장한 모습으로 다시 만나요. 안녕!

*완화
긴장된 상태 등을 느슨하게 함

초능력 온달 O X 퀴즈
이 글의 내용과 일치하면 O표, 일치하지 않으면 X표 해보세요.

❶ 박정희 정부 때 자주·평화·민족 대단결의 원칙을 담은 7·4 남북 공동 성명이 발표되었습니다. (O , X)
❷ 최초의 남북 정상 회담에서 합의한 내용을 담은 선언은 10·4 남북 공동 선언입니다. (O , X)

초능력 평강 퀴즈

❶ ㉠에 들어갈 단어를 쓰시오.

김대중 정부는 남북의 긴장 관계를 완화하고 남북의 화해 분위기를 형성하고자 (㉠)을/를 펼쳤어요. 이는 김대중 정부 때 최초의 남북 정상 회담이 개최되는 데 영향을 주었어요.

( )

❷ 박정희 정부의 통일 정책으로 옳은 것은?

( )

① 남북 조절 위원회 설치
② 남북한 유엔 동시 가입
③ 한반도 비핵화 공동 선언
④ 제2차 남북 정상 회담 개최
⑤ 6·15 남북 공동 선언 발표

정답과 해설 12쪽

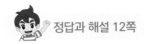

우리학교 객관식 문제

01 (가)에 들어갈 내용으로 옳은 것을 <보기>에서 고른 것은?

7·4 남북 공동 성명 발표
↓
(가)
↓
남북 기본 합의서 채택

보기
ㄱ. 남북 조절 위원회 설치
ㄴ. 남북한 유엔 동시 가입
ㄷ. 제1차 남북 정상 회담 개최
ㄹ. 10·4 남북 공동 선언 발표

① ㄱ, ㄴ   ② ㄱ, ㄷ   ③ ㄴ, ㄷ
④ ㄴ, ㄹ   ⑤ ㄷ, ㄹ

02 다음 문서 발표 이후의 사실로 옳은 것은?

〈6·15 남북 공동 선언〉
2. 나라의 통일을 위한 남측의 연합제 안과 북측의 낮은 단계의 연방제 안이 서로 공통성이 있다고 인정하고, 이 방향에서 통일을 지향하기로 하였다.

① 개성 공단이 건설되었다.
② 유신 헌법이 제정되었다.
③ 서울 올림픽이 개최되었다.
④ 5·16 군사 정변이 일어났다.
⑤ 한반도 비핵화 공동 선언이 채택되었다.

우리학교 주관식 문제

03 박정희 정부 때 채택된 7·4 남북 공동 성명의 한계점을 쓰시오.

_____

_____

_____

대학수학능력시험

04 밑줄 친 '이 성명'이 발표된 시기를 연표에서 옳게 고른 것은?

2024 수능

남과 북 사이에 대화의 길이 트이기 시작했습니다. 우리나라의 자주적인 평화 통일을 추구하는 이 성명이 서울과 평양에서 동시에 발표됐습니다. 중앙정보부장은 자주·평화·민족 대단결의 통일 원칙과 남북 조절 위원회 구성 등 7개 항에 합의했다고 밝혔습니다.

(가)	(나)	(다)	(라)	(마)
8·15 광복	6·25 전쟁 발발	5·16 군사 정변	유신 헌법 공포	남북한 유엔 동시 가입	6·15 남북 공동 선언

① (가)   ② (나)   ③ (다)   ④ (라)   ⑤ (마)

09 최초의 평화적 정권 교체를 이루다

노태우 정부	● 제13대 대통령 선거: 여당 후보 노태우 당선 → 여야 정권 교체 실패 ● 3당 합당: ❶ 민⬜⬜⬜당 창당(여당)
김영삼 정부	● 제14대 대통령 선거: 여당 후보 김영삼 당선 → 여야 정권 교체 실패 ● ❷ 역⬜바⬜세⬜기 운동: 옛 조선 총독부 건물 철거 등 ● ❸ 금⬜⬜명⬜ 시행 ● 외환 위기 → ❹ 국⬜⬜화⬜금 (IMF)으로부터 금융 지원을 받음
김대중 정부	● 제15대 대통령 선거: 야당 후보 김대중 당선 → 최초의 평화적 방법에 의한 여야 정권 교체 ● 금 모으기 운동 등 → 외환 위기 극복

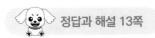

10 다시 하나가 되기 위해, 통일을 위한 노력

박정희 정부	❶ 7 · 4 ☐ 북 ☐ 동 ☐ 명 (1972) → 남북 조절 위원회 설치
노태우 정부	● 남북한 유엔 동시 가입 ● ❷ 남 ☐ ☐ 본 ☐ 의 ☐ 채택 ● 한반도 비핵화 공동 선언 채택
김대중 정부	● ❸ 햇 ☐ 정 ☐ : 금강산 관광 시작 ● 제1차 남북 정상 회담(2000) → ❹ ☐ · 15 ☐ 북 ☐ 동 ☐ 언 ● 개성 공단 조성 합의
노무현 정부	● 제2차 남북 정상 회담 → 10 · 4 남북 공동 선언 ● 개성 공단 완성

설쌤의 지식 오픈!

> **평화로운 남북통일을 위한 사회·문화적 노력**

남북은 전쟁에 대한 아픔과 전쟁이 다시 일어날 수 있다는 두려움 때문에 한동안 서로를 적대시하고 대화하기를 거부했어요. 하지만 시간이 지나며 과거의 아픔을 극복하고 교류와 협력을 이어가고자 여러 통일 정책을 시행했어요. 이때 남북은 정치·경제적 노력뿐만 아니라 평화로운 통일의 길로 나아가기 위한 사회·문화적 노력도 기울였어요. 서로 떨어져 살아가던 남북 이산가족이 만나 기쁨을 나누기도 했고, 남북의 예술 공연단이 상대 나라에 방문하여 예술 공연을 펼치기도 했지요. 또한 2018년 평창에서 개최된 동계 올림픽 때는 남북한 선수단이 '코리아'라는 이름으로 한반도기를 들고 공동 입장하는 모습을 전 세계에 보여주기도 했답니다.

최초로 남북 정상 회담이 개최된 날에 발행된 신문을 작성해 봅시다!

나의 생각 오픈!

일보

발행일 : 2000년 6월 ○○일　　　　　　발행인 :

주요 기사

광고 / 사진(그림)

어린이 여러분, 안녕! 설쌤이에요. 드디어 6권까지 모두 끝났네요!

그동안 머리에 지식을 많이 쌓았나요? 설쌤은 우리 어린이들이 모두 잘 했을 거라 믿어요!

오픈아이 초등 한국사를 여러분과 함께 공부하면서 설쌤도 정말 행복했답니…

설쌤! 온달이는 어떻게 되었나요?

아~! 온달이요? 6권 끝나고 시험보기로 했었는데! 궁금하죠? 일단 여러분의 궁금증부터 풀어드립니다! 그 장면으로 출발~!

온달아! 난 너가 해낼 줄 알았어! 어떻게 문제를 다 맞혔어?

이게 다! 설쌤과 오픈아이 한국사 덕분이야!

여러분이 보신 것처럼 온달이는 만점으로 시험에 통과하였고, 평강이와 결혼을 하게 되었답니다!

잠깐! 설 박사…!
당신 때문에 온달이가
똑똑해지는 바람에
나의 계획이 실패했잖소!

아니! 황대감이
여길 어떻게 왔지?
일단 황대감을 피해
다른 곳으로 갈게요!

거기 서라~!!

휴! 황대감이 어떻게 온거지?
아무튼 설렘이들!
또 궁금한 점 없나요?

설쌤!
이제 설쌤을 어디서
만날 수 있나요?

아하! 설쌤과는 설쌤앱, 대모험 시리즈,
뮤지컬, 애니메이션, 방송 프로그램 등
여러 곳에서 계속 만날 수 있답니다!

설쌤! 초등학생을
위해 새로운
한국사 콘텐츠가
계속 나올
예정인가요?

물론입니다!
그 무엇을 상상하든,
상상 그 이상의 새로운 콘텐츠로
여러분을 찾아올게요!
그럼 이만, 안녕~!!

에게

memo

memo

수료증

성   명 :

교   육 : 설민석 오픈아이 초등 한국사

학습과정 : • 선사 시대~고대   • 근대

                • 고려 시대   • 일제 강점기

                • 조선 시대   • 현대

위 어린이는 설쌤과 함께
초등 한국사 모든 과정을 훌륭히 마쳤으므로
이 수료증을 수여합니다.

년   월   일

(주) 단꿈아이   

오픈아이

설민석의 초등 한국사 6

정답과 해설

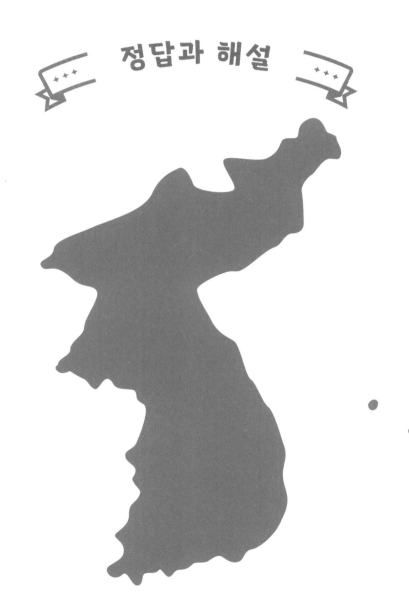

6권 현대편

1 드디어 맞이한 광복, 그러나 다시 찾아온 검은 그림자

01 어제의 동지와 대립하게 된 이유, 모스크바 3국 외상 회의

초능력 온달 OX 퀴즈 ❶ O ❷ O

초능력 팡팡퀴즈 ❶ 모스크바 3국 외상 회의 ❷ ③

1. 모스크바 3국 외상 회의 결정 사항에는 임시 민주 정부 수립, 미·소 공동 위원회 설치, 신탁 통치 실시 등의 내용이 담겨 있다.
2. 1945년 12월에 열린 모스크바 3국 외상 회의에 미국, 영국, 소련의 외무 장관들이 참여하였다. 이 회의를 통해 최대 5년 간의 한반도 신탁 통치 실시가 결정되었다.

초능력 Level up 문제

01 ⑤
02 ①
03 (1) 미·소 공동 위원회 (2) 미국, 영국, 소련
04 ②

01 모스크바 3국 외상 회의

자료 분석

'신탁 통치 반대' 등의 내용을 통해 해당 자료는 신탁 통치와 관련된 글임을 알 수 있다.

정답 찾기

⑤ 모스크바 3국 외상 회의에서 신탁 통치가 결정되자 신탁 통치를 반대하는 운동이 일어났다.

오답 피하기

① 대한제국 시기 일제에 의해 강제로 을사늑약이 체결되었다. 을사늑약의 체결로 대한제국은 외교권이 박탈되었다.
② 1920년대 평양에서 조만식을 중심으로 물산 장려 운동이 일어났다.
③ 3·1 운동의 결과 대한민국 임시 정부가 수립되었다.

④ 1920년대 일제는 치안 유지법을 제정하여 독립 운동가들을 탄압하였다.

02 광복 직후의 상황

정답 찾기

① ㄱ. 1945년 8월 15일, 일본이 항복하면서 우리나라는 광복을 맞이하였다.
ㄴ. 광복 직후 소련군은 북위 38도선 이북 지역에 주둔하였다.
ㄷ. 1945년 12월, 모스크바에서 3국 외상 회의가 열렸다.

03 모스크바 3국 외상 회의와 미·소 공동 위원회

(1) 모스크바 3국 외상 회의 결정 사항에는 임시 정부 수립 문제를 협의하기 위해 미·소 공동 위원회를 설치한다는 내용이 담겨있다.
(2) 모스크바 3국 외상 회의는 미국, 영국, 소련의 외무 장관이 참여한 회의였다.

04 미·소 공동 위원회

자료 분석

'모스크바 3국 외상 회의에서 결정', '임시 민주 정부 수립 문제를 협의' 등의 내용을 통해 밑줄 친 위원회는 미·소 공동 위원회임을 알 수 있다.

정답 찾기

② 모스크바 3국 외상 회의에 따라 임시 민주 정부 수립 문제를 협의하기 위한 미·소 공동 위원회가 설치되었다.

오답 피하기

① 박정희 정부 때 발표된 7·4 남북 공동 성명을 실현하고자 남북 조절 위원회가 설치되었다.
③ 1944년 국내에서 여운형을 중심으로 조직된 조선 건국 동맹은 광복과 동시에 조선 건국 준비 위원회로 바뀌었다.
④ 제헌 국회에서 제정한 반민족 행위 처벌법에 따라 친일파를 처단하기 위한 반민족 행위 특별 조사 위원회가 설치되었다.

02 분단을 막기 위한 노력, 좌우 합작 운동과 남북 협상

1 O **2** X 유엔 총회에서 인구 비례에 의한 남북한 총선거가 결정된 후 관리 및 감독을 위해 유엔 한국 임시 위원단이 파견되었다. 이때 소련은 유엔 한국 임시 위원단 의 입북을 거부하였다.

1 김구 **2** ②

1. 김구는 남한만의 단독 선거에 반대하는 '삼천만 동포에게 읍고함'을 발표하였다.

2. 김규식, 여운형 등 중도파는 이승만의 정읍 발언에 반대하며 좌우 합작 운동을 전개하였다.

초능력 Level up 문제

01 ③
02 ①
03 (1) 좌우 합작 운동
   (2) 예 좌우 대표 세력이 참여하지 않았기 때문, 여운형 이 암살되었기 때문
04 ③

01 이승만의 정읍 발언

자료 분석

제시된 자료는 이승만이 발표한 정읍 발언으로 남한만의 단 독 정부를 수립하자는 내용을 담고 있다.

정답 찾기

③ 이승만은 제1차 미·소 공동 위원회가 미국과 소련의 의견 차이로 휴회되자, 남한만의 단독 정부를 수립하자는 내 용을 담은 정읍 발언을 발표하였다.

02 남북 분단 과정

정답 찾기

① ㄱ. 1946년 이승만은 남한만의 단독 정부를 수립하자는 내용을 담은 정읍 발언을 발표하였다.
ㄴ. 이승만의 정읍 발언에 반대한 김규식, 여운형 등 중 도파는 좌우 합작 운동을 추진하였다. 좌우 합작 운

동이 전개되는 과정에서 좌우 합작 위원회가 조직되 었고 좌우 합작 7원칙이 발표되었다.
ㄷ. 좌우 합작 운동이 실패로 끝난 이후 유엔 총회에서 인구 비례에 의한 남북한 총선거를 결정하였다.
ㄹ. 소련의 반대로 남북한 총선거 실시가 어려워지자 유 엔 소총회에서 남한만의 단독 선거가 결정되었다. 김 구 등은 남한만의 단독 선거를 막기 위해 남북 협상 을 추진하였다.

03 좌우 합작 운동

(1) 이승만의 정읍 발언에는 남한만의 단독 정부를 수립하자 는 내용이 담겨있다. 이 발언이 발표된 직후 김규식, 여운 형 등 중도파 세력을 중심으로 좌우 합작 운동이 전개되 었다.

(2) 좌우 합작 운동을 전개하기 위해 좌우 합작 위원회가 조직 되었지만 좌우 대표 세력이 참여하지 않았기에 좌우 합작 위원회는 큰 영향력을 가질 수 없었다. 또한, 운동을 주도 하던 여운형이 암살되면서 좌우 합작 운동은 실패로 끝나 게 되었다.

04 남북 협상

자료 분석

제시된 자료는 김구의 '삼천만 동포에게 읍고함'이다.

정답 찾기

③ 유엔 소총회에서 남한만의 단독 선거가 결정되자 김구는 이에 반대하는 '삼천만 동포에게 읍고함'을 발표하고 남 북 협상을 추진하였다.

오답 피하기

① 1931년 김구는 대한민국 임시 정부의 침체를 극복하기 위해 한인 애국단을 결성하였다.
② 모스크바 3국 외상 회의의 결정 사항에 따라 1946년 임 시 민주 정부 수립을 협의하기 위해 제1차 미·소 공동 위 원회가 열렸다.
④ 1945년 12월 한반도 문제를 논의하기 위해 모스크바 3국 외상 회의가 개최되었다.

03 대한민국 정부의 과제, 친일파 청산과 농지 개혁

초능력 온달 OX 퀴즈 ❶ O ❷ X 초대 국회(제헌 국회)는 친일파를 처단하기 위해 반민족 행위 처벌법을 제정하였다.

초능력 평강퀴즈 ❶ 5·10 총선거 ❷ ⑤

1. 5·10 총선거에 따라 결성된 초대 국회(제헌 국회)는 제헌 헌법을 제정하고 국호를 대한민국으로 정하였다.

2. 초대 국회(제헌 국회)는 반민족 행위 처벌법을 제정하여 친일파를 처단하고자 하였다.

초능력 Level up 문제

```
01  ④
02  ④
03  ㉠: 반민족 행위 처벌법(반민법)
    ㉡: 반민족 행위 특별 조사 위원회(반민 특위)
04  ②
```

01 초대 국회(제헌 국회)

정답 찾기

④ ㄴ. 초대 국회(제헌 국회)는 농지 개혁법을 제정하여 농지 개혁을 추진하였다.

ㄹ. 초대 국회(제헌 국회)는 반민족 행위 처벌법을 제정하여 친일파를 처단하고자 하였다.

오답 피하기

ㄱ. 고종 황제는 환구단에서 황제 즉위식을 치른 뒤 국호를 대한제국으로 바꾸었다.

ㄷ. 일제는 사회주의를 탄압하기 위해 치안 유지법을 제정하였다(1920년대).

02 5·10 총선거

정답 찾기

④ ㄴ. 5·10 총선거는 우리나라 최초의 민주주의 선거였다.

ㄹ. 5·10 총선거는 만 21세 이상 모든 남녀에게 선거권을 부여한 보통 선거였다.

오답 피하기

ㄱ. 5·10 총선거는 38도선 이남에서 치러진 선거였다.

ㄷ. 5·10 총선거는 국회 의원을 선출하는 선거였다.

03 친일파 처단

대한민국 정부가 수립된 이후 초대 국회(제헌 국회)는 친일파를 처벌하고자 ㉠ 반민족 행위 처벌법(반민법)을 제정하고 ㉡ 반민족 행위 특별 조사 위원회(반민 특위)를 구성하였다.

04 5·10 총선거

자료 분석

'우리나라 역사상 최초의 보통 선거' 등의 내용을 통해 (가)는 5·10 총선거임을 알 수 있다.

정답 찾기

② 5·10 총선거에 따라 초대 국회(제헌 국회) 의원이 선출되었다.

오답 피하기

① 발췌 개헌은 6·25 전쟁 도중에 실시되었다.

③ 유신 헌법에 따라 통일 주체 국민 회의에서 대통령을 선출하였다.

④ 을미사변 이후 고종은 러시아 공사관으로 몸을 피하였다(아관 파천).

⑤ 1910년대 무단 통치 시기에 일제는 조선 태형령을 시행하였다.

04 동족상잔의 비극, 6·25 전쟁

초능력 온달 OX 퀴즈 ❶ O ❷ X 인천 상륙 작전은 1950년 6월 25일 북한의 불법 남침으로 전쟁이 시작된 지 약 5개월 후 인 9월 15일 전개되었다.

초능력 핑강퀴즈 ❶ 애치슨 선언 ❷ ①
2. 소련의 제안에 따라 정전 협상이 시작되었다.

초능력 Level up 문제

01 ①
02 ②
03 예 국토가 황폐화되었다.
전쟁에 참전한 수많은 양측 군인과 민간인들이 목숨을 잃게 되었다.
이산가족과 전쟁고아가 생겨났다.
04 ①

01 6·25 전쟁의 전개 과정

자료 분석
(가)에 들어갈 사건은 중국군 참전과 정전 협정 체결 사이에 일어난 일이다.

정답 찾기
① 엄청난 수의 중국군이 전쟁에 참여하면서 국군과 유엔군 은 후퇴를 할 수밖에 없었고, 1951년 1월 4일 서울을 다 시 북한에게 빼앗기게 되었다(1·4 후퇴).

오답 피하기
②, ③, ④, ⑤ 중국군 참전 이전의 일이다.

02 6·25 전쟁의 전개 과정

정답 찾기
② ㄴ. 1950년 6월 25일, 북한의 기습 남침으로 6·25 전쟁이 시작되었다.
ㄷ. 1950년 9월, 국군과 유엔군은 인천 상륙 작전으로 전 세를 역전시켰다.

ㄱ. 중국군이 전쟁에 개입하면서 1950년 12월 국군과 유 엔군의 일부 부대가 흥남 부두 일대로 후퇴한 뒤 배 를 타고 철수하였다(흥남 철수).
ㄹ. 1953년 7월, 정전 협정이 체결되면서 6·25 전쟁은 멈추게 되었다.

03 6·25 전쟁의 결과

3년여 동안 지속된 6·25 전쟁으로 온 국토가 황폐화되었 다. 또한, 전쟁에 참전한 수많은 양측의 군인과 민간인들 이 목숨을 잃었고 많은 이산가족과 전쟁고아도 생겨났다. 6·25 전쟁으로 남과 북의 적대감은 더욱 심해졌으며, 당시 남북의 지도자들은 이러한 점을 이용하여 독재 권력을 강화 해 나갔다.

04 6·25 전쟁

자료 분석
'유엔군의 일원으로', '참전' 등의 내용을 통해 밑줄 그은 '이 전쟁'은 6·25 전쟁임을 알 수 있다.

정답 찾기
① 6·25 전쟁 때 국군과 유엔군은 인천 상륙 작전으로 전세 를 역전시켰다.

오답 피하기
② 여운형 등이 조직한 조선 건국 동맹은 광복 직후 조선 건 국 준비 위원회로 개편되었다.
③ 대한민국 임시 정부의 대통령이었던 이승만은 1925년 임 시 의정원에서 탄핵되었다. 이후 대한민국 임시 정부 제2 대 대통령으로 박은식이 임명되었다.
④ 1930년대 초반 지청천의 한국 독립군은 중국 호로군과 한중 연합 작전을 펼쳤다.

01 어제의 동지와 대립하게 된 이유, 모스크바 3국 외상 회의

① 38도선   ② 모스크바 3국 외상 회의

③ 신탁 통치   ④ 덕수궁 석조전

02 분열을 막기 위한 노력, 좌우 합작 운동과 남북 협상

① 정읍 발언   ② 좌우 합작 위원회

③ 유엔 총회   ④ 남북 협상

03 대한민국 정부의 과제, 친일파 청산과 농지 개혁

① 5·10 총선거   ② 제헌 헌법

③ 반민족 행위 처벌법   ④ 경자유전

04 동족상잔의 비극, 6·25 전쟁

① 애치슨 선언   ② 인천 상륙 작전

③ 1·4 후퇴   ④ 정전 협정

2 민주화를 위한 노력, 독재 권력에 맞서 싸우다

05 부정 선거 재실시하라! 4·19 혁명

초능력 온달 OX 퀴즈 ❶ O ❷ X 4·19 혁명 때 대학교수단도 시위에 참여하여 이승만 대통령이 대통령직에서 물러날 것을 요구하였다.

초능력 평강퀴즈 ❶ 4·19 혁명 ❷ ④

1. 3·15 부정 선거에 반발하여 4·19혁명이 일어났다.

2. 4·19 혁명의 결과 내각 책임제를 주요 내용으로 하는 헌법 개정이 이루어졌다.

![캐릭터] 초능력 Level up 문제

01 ③

02 ②

03 예 전 국민이 참여하여 이승만 독재 정권을 무너뜨린 민주주의 혁명이다.

04 ⑤

01 4·19 혁명

자료 분석

제시된 자료는 3·15 부정 선거 지시 사항이다.

정답 찾기

③ 3·15 부정 선거로 인해 4·19 혁명이 일어났다.

오답 피하기

① 3·1 운동은 일제 강점기인 1919년에 일어났다.

② 1929년에 일어난 원산 총파업은 일제 강점기 최대 규모의 노동 운동으로 발전하였다.

④ 1950년 6월 25일 북한의 기습 남침에 따라 6·25 전쟁이 시작되었다.

⑤ 1926년 순종의 장례일에 제2의 3·1 운동이라 불리는 6·10 만세 운동이 일어났다.

02 4·19 혁명의 결과

정답 찾기

② ㄱ. 4·19 혁명의 결과 내각 책임제를 주요 내용으로 하는
　　 헌법 개정이 이루어졌다. 이후 바뀐 헌법에 따라 장면
　　 내각이 출범하였다.
　 ㄹ. 4·19 혁명의 결과 이승만이 대통령직에서 물러났다.

오답 피하기

ㄴ. 3·15 부정 선거는 4·19 혁명의 배경이 되었다.
ㄷ. 사사오입 개헌은 2차 개헌이다. 4·19 혁명의 결과 3차
　　개헌이 이루어졌다.

03 4·19 혁명의 의의

4·19 혁명은 전 국민이 참여하여 이승만 독재 정권을 무너
뜨린 민주주의 혁명이라는 점에서 의의가 있다.

04 4·19 혁명

자료 분석

'4월 19일', '3·15 부정 선거' 등을 통해 밑줄 친 '시위'는 4·19
혁명임을 알 수 있다.

정답 찾기

⑤ 4·19 혁명의 결과 내각 책임제를 핵심으로 하는 개헌이
　　이루어졌다.

오답 피하기

① 박정희 정부 시기에 유신 헌법에 반대하는 3·1 민주 구
　 국 선언이 발표되었다.
② 6월 민주 항쟁 때 국민들은 4·13 호헌 조치의 철폐를 주장
　 하였다.
③ 신군부 세력의 권력 장악에 반발하여 5·18 민주화 운동이
　 일어났다.
④ 순종의 장례식에 6·10 만세 운동이 일어났다.

예시 답안

3·15 부정 선거가 일어나자 국민들은 선거 재실시를 주장하며
시위를 전개하였다. 이후 마산에서 시위가 전개되는 과정에서
시위 중 실종되었던 김주열 학생이 사망한 채로 발견되었다. 이
사실이 전국에 알려지자 시위가 전국적으로 확산되었다. 4·19
혁명의 결과로 이승만 대통령이 물러난 후 허정 과도 정부가 수
립되어, 내각 책임제를 핵심으로 하는 개헌이 이루어졌다. 바뀐
헌법에 따라 선거가 재실시되어 장면 내각이 수립되었다.

06 굴욕 외교 결사 반대! 한일 국교 정상화

❶ O ❷ O

❶ 5·16 군사 정변 ❷ ④

1. 박정희 등 일부 군인인 장면 내각의 무능함과 사회 혼란을 이유로 5·16 군사 정변을 일으켰다.

2. 6·3 시위는 한일 국교 정상화에 반대하여 일어났다. 당시 국민들은 굴욕적 대일 외교 반대를 외쳤다.

초능력 Level up 문제

01 ①
02 ⑤
03 ㉠ : 국가 재건 최고 회의 ㉡ : 중앙정보부
04 ①

01 한일 국교 정상화

자료 분석

(가)에는 김종필 · 오히라 메모 공개와 한일 협정 사이에 있었던 사실이 들어가야 한다.

정답 찾기

① 1962년 한일 회담 중 김종필 · 오히라 메모가 공개되었는데, 메모 속에는 일본의 사과와 배상 등의 내용이 담겨 있지 않았다. 이에 국민들은 굴욕적인 대일 외교를 반대하는 6·3 시위를 전개하였다.

오답 피하기

② 1945년 8월 15일 우리나라는 광복을 맞이하였다.
③ 3·15 부정 선거에 반발하여 4·19혁명이 일어났다.
④ 1948년 5월 10일 우리나라 최초의 민주주의 선거이자 보통 선거인 5·10 총선거가 열렸다.
⑤ 1926년 순종의 장례식을 기해 6·10 만세 운동이 전개되었다.

02 한일 협정(한·일 기본 조약)

자료 분석

'대한 제국과 대일본 제국 간에 체결된 모든 조약 및 협정이 이미 무효임을 확인한다.' 등의 내용을 통해 ㉠에 들어갈 내용은 한일 협정(한 · 일 기본 조약)임을 알 수 있다.

정답 찾기

⑤ 1965년 한일 협정(한 · 일 기본 조약)이 체결되면서 한일 국교는 정상화되었다.

오답 피하기

① 1905년 을사늑약이 체결되면서 대한 제국의 외교권이 박탈되었다.
② 운요호 사건을 계기로 체결된 강화도 조약에 따라 부산 외 2개의 항구를 개항하였다.
③ 1910년 한 · 일 병합 조약이 체결되면서 대한 제국의 국권이 일제에 넘어갔다.
④ 조선은 미국과 조 · 미 수호 통상 조약을 체결하였다. 조약의 내용에는 최초로 최혜국 대우 조항 등이 포함되었다.

03 박정희 군정

5 · 16 군사 정변 직후 박정희는 주요 정부 기관을 점령하고 혁명 공약을 발표하였다. 혁명 공약 발표 이후 박정희는 ㉠ 국가 재건 최고 회의를 구성하여 군정을 실시하였고, 국가 안전 보장을 내세워 ㉡ 중앙정보부를 설치하여 권력 기반을 다졌다.

04 6·3 시위

자료 분석

제시된 자료를 통해 김종필 · 오히라 메모가 공개된 이후의 사실을 묻는 문제임을 알 수 있다.

정답 찾기

① 김종필 · 오히라 메모가 공개되자 국민들은 굴욕적인 대일 외교를 반대하며 6·3 시위를 전개하였다.

오답 피하기

② 1948년 4월 3일 제주도에서 남한만의 단독 선거 결정에 반발하여 4·3 사건이 일어났다.
③ 3·15 부정 선거를 계기로 4·19 혁명이 일어났다.
④ 1950년 6월 25일 북한의 기습 남침으로 인해 6·25 전쟁이 일어났다.

초능력 온달 OX 퀴즈 ❶ ○ ❷ ○

초능력 평강퀴즈 ❶ 통일 주체 국민 회의 ❷ ③

1. 유신 헌법에 따라 통일 주체 국민 회의에서 간선제로 대통령을 선출하였다.

2. 김영삼이 국회 의원직에서 제명되자 부산과 마산 일대에서 유신 체제를 비판하는 부·마 민주 항쟁이 일어났다.

초능력 Level up 문제

01 ④
02 ⑤
03 ㉠ : 닉슨 독트린 ㉡ : 7·4 남북 공동 성명
04 ③

01 유신 헌법

자료 분석

7·4 남북 공동 성명과 부·마 민주 항쟁 사이에 일어난 사건을 찾아야 한다.

정답 찾기

④ 7·4 남북 공동 성명 발표 이후 유신 헌법이 통과되었다. 유신 헌법에 따라 유신 체제가 성립되었고, 유신 체제에 반대하는 부·마 민주 항쟁이 일어났다.

오답 피하기

① 3선 개헌 이후 3선 연임에 성공한 박정희는 유신 헌법을 준비하였다.
② 3·15 부정 선거에 반발하여 4·19 혁명이 일어났다.
③ 이승만 정부 때 초대 대통령에 한해 중임 제한을 없애는 사사오입 개헌이 이루어졌다.
⑤ 박정희 등 군인 세력은 장면 내각의 무능함과 사회 혼란을 이유로 5·16 군사 정변을 일으켰다.

02 유신 헌법이 적용된 시기의 사실

자료 분석

'대통령은 통일 주체 국민 회의에서 토론 없이 무기명 투표로 선거한다.' 등의 내용을 통해 유신 헌법임을 알 수 있다.

정답 찾기

⑤ ㄷ, ㄹ 유신 헌법이 적용된 시기에 유신 반대 투쟁이 전개되었다. 대표적인 유신 반대 투쟁으로 3·1 민주 구국 선언과 개헌 청원 100만인 서명 운동 등이 있다.

오답 피하기

ㄱ. 일본 도쿄 유학생들이 발표한 2·8 독립 선언의 영향으로 3·1 운동이 일어났다.
ㄴ. 1929년 한·일 학생 간의 충돌을 계기로 광주 학생 항일 운동이 일어났다.

03 7·4 남북 공동 성명의 배경

㉠ 닉슨 독트린이 발표되면서 냉전 체제가 완화되어 그동안 반공을 내세운 박정희 정부의 기반이 약화되기 시작하였다. 이러한 상황 속에서 박정희 정부는 비밀리에 북한과 대화를 나누었고, 그 결과 통일의 3대 원칙을 담은 ㉡ 7·4 남북 공동 성명을 발표하였다.

04 부·마 민주 항쟁

자료 분석

'1979년 야당 총재의 국회 의원직 제명으로 촉발', '유신 독재에 저항' 등의 내용을 통해 다음 대화에 나타난 민주화 운동은 부·마 민주 항쟁임을 알 수 있다.

정답 찾기

③ 야당 총재 김영삼이 국회 의원직에서 제명되자 김영삼의 정치 근거지인 부산과 마산 일대에서 유신 체제를 비판하는 시위가 일어났다(부·마 민주 항쟁).

오답 피하기

① 3·15 부정 선거를 계기로 4·19 혁명이 일어났다.
② 4·13 호헌 조치에 반발하여 6월 민주 항쟁이 일어났다.
④ 신군부의 권력 장악에 반발하여 5·18 민주화 운동이 전개되었다.

08 민주화를 위해 흘린 피, 5·18 민주화 운동과 6월 민주 항쟁

초능력 온달 OX 퀴즈 **1** O **2** O

초능력 평강퀴즈 **1** 5·18 민주화 운동 **2** ④

1. 5·18 민주화 운동 당시 시민들은 계엄군에 맞서기 위해 시민군을 결성하였다.

2. 6월 민주 항쟁 때 국민들은 대통령 직선제를 요구하였다.

초능력 Level up 문제

01 ④
02 ④
03 ㉠ : 박종철 ㉡ : 이한열
04 ③

01 5·18 민주화 운동

정답 찾기

④ 4·19 혁명의 결과 이승만 대통령이 물러나게 되었다.

오답 피하기

①, ②, ③, ⑤ 1980년 광주에서 신군부의 퇴진과 비상계엄령 철회를 요구하며 5·18 민주화 운동이 일어났다. 비록 5·18 민주화 운동은 진압되었지만, 관련 기록물이 유네스코 세계 기록 유산에 등재되었다.

02 6월 민주 항쟁

자료 분석

'국민 합의 배신한 4·13 호헌 조치는 무효' 등의 내용을 통해 제시된 자료는 4·13 호헌 조치에 반발하여 일어난 6월 민주 항쟁과 관련된 자료임을 알 수 있다.

정답 찾기

④ ㄴ. 6월 민주 항쟁 당시 여당 대표 노태우가 6·29 민주화 선언을 발표하였다.

ㄹ. 6월 민주 항쟁 때 시위 과정에서 연세대학교 학생 이한열이 최루탄에 맞아 사망하는 일이 일어났다.

오답 피하기

ㄱ. 유신 헌법이 적용된 시기에 국민들은 유신 헌법의 폐지를 요구하였다.

ㄷ. 3·15 부정 선거가 원인이 되어 4·19 혁명이 일어났다.

03 6월 민주 항쟁

1987년 서울대학교를 다니고 있던 ㉠ 박종철이 경찰의 고문을 받아 사망하는 일이 발생하였다(박종철 고문치사 사건). 이후에도 직선제 개헌을 요구하는 시위가 전국적으로 일어나자 전두환 정부는 강압적으로 시위를 진압하려 하였고, 시위 진압 과정에서 연세대학교 학생 ㉡ 이한열이 날아오는 최루탄에 맞아 사망하는 사건이 발생하였다.

04 6월 민주 항쟁

자료 분석

'호헌 철폐 국민 대회', '1987년 6월', '박종철' 등의 내용을 통해 다음 자료를 통해 알 수 있는 민주화 운동은 6월 민주 항쟁이다.

정답 찾기

③ 6월 민주 항쟁의 결과 5년 단임의 대통령 직선제 개헌이 이루어졌다.

오답 피하기

① 4·19 혁명의 결과 이승만 대통령이 하야하였다.

② 굴욕적인 한일 국교 정상화에 반대하여 6·3 시위가 일어났다.

④ 5·18 민주화 운동 전개 과정에서 시민군이 조직되었다.

05 부정 선거 재실시하라! 4·19 혁명

① 사사오입 개헌   ② 4·19 혁명

③ 3·15 부정 선거   ④ 김주열   ⑤ 장면

06 굴욕 외교 결사 반대! 한일 국교 정상화

① 5·16 군사 정변   ② 국가 재건 최고 회의

③ 6·3 시위   ④ 한·일 협정

07 국민의 기본권을 제한하다, 유신 헌법

① 7·4 남북 공동 성명   ② 통일 주체 국민 회의

③ 긴급 조치권   ④ YH 무역 사건

⑤ 부마 민주 항쟁

08 민주화를 위해 흘린 피, 5·18 민주화 운동과 6월 민주 항쟁

① 5·18 민주화 운동   ② 전두환   ③ 박종철

④ 4·13 호헌 조치   ⑤ 6·29 민주화 선언

3 끝나지 않은 이야기, 민주화 발전과 평화 통일을 위한 노력

09 최초의 평화적 정권 교체를 이루다

초능력 온달 OX 퀴즈 ❶ O   ❷ X 김대중 대통령 때 금 모으기 운동 등을 통해 외환 위기를 극복하였다.

초능력 평강퀴즈 ❶ 금융 실명제   ❷ ①

1. 김영삼 정부는 공정한 금융 거래와 불법 정치 자금의 거래를 막고자 금융 실명제를 시행하였다.

2. 김대중 정부는 국제 통화 기금(IMF)의 지원금을 조기 상환하여 외환 위기를 극복하였다.

초능력 Level up 문제

01 ④

02 ①

03 예 과거 4·19 혁명으로 이뤄진 정권 교체는 평화적인 방법으로 이루어진 것이 아니었다. 제15대 대통령 선거에서 김대중이 당선되면서 처음으로 선거에 의한 평화적인 방법으로 정권 교체가 이루어졌다.

04 ①

01 김영삼 정부

정답 찾기

④ ㄴ. 김영삼 정부는 공정한 금융 거래와 불법적인 정치 자금 거래를 막기 위해 금융 실명제를 시행하였다.

ㄹ. 김영삼 정부는 역사 바로 세우기 운동을 펼치며 옛 조선 총독부 건물을 철거하였다.

오답 피하기

ㄱ. 박정희 정부 때 한일 국교 정상화에 반대하는 6·3 시위가 전개되었다.

ㄷ. 노태우 정부 때 3당 합당을 통해 민주 자유당이 창당되었다.

02 6월 민주 항쟁 이후에 있었던 사실

정답 찾기

① ㄱ. 전두환 정부 때인 1987년 6월 민주 항쟁이 일어났다.
ㄴ. 전두환 대통령 이후 노태우 후보가 대통령에 당선되었다.
ㄷ. 김영삼 정부 때 역사 바로 세우기 운동이 전개되면서 옛 조선 총독부 건물이 철거되었다.
ㄹ. 김대중 정부 때 금 모으기 운동 등을 통해 국제 통화 기금(IMF)으로부터 받은 금융 지원금을 조기 상환하였다.

03 최초의 평화적 정권 교체

제15대 대통령 선거에서 야당의 김대중 후보가 당선되었다. 이로써 대한민국 정부 수립 이후 최초로 선거를 통한 평화적인 여야 정권 교체가 이루어졌다. 이때를 최초의 평화적인 여야 정권 교체라고 표현하는 이유는 과거 4·19 혁명으로 여당인 자유당에서 야당인 민주당으로 정권 교체가 된 적이 있었지만, 이는 평화적인 방법으로 정권 교체가 된 것이 아니었기 때문이다.

04 김영삼 정부

자료 분석

'역사 바로 세우기의 일환으로 옛 조선 총독부 건물을 철거', '경제 협력 개발 기구(OECD)에 가입' 등을 통해 (가)에 들어갈 내용은 김영삼 정부 시기의 사실임을 알 수 있다.

정답 찾기

① 김영삼 정부는 공정한 금융 거래와 불법적인 정치 자금의 거래를 막고자 금융 실명제를 시행하였다.

오답 피하기

② 박정희 정부 때 경부 고속 도로가 준공되었다.
③ 박정희 정부 때 제1차 경제 개발 5개년 계획이 추진되었다.
④ 노무현 정부 때 미국과 자유 무역 협정(FTA)이 체결되었다.

10 다시 하나가 되기 위해, 통일을 위한 노력

초능력 온달 OX 퀴즈 ❶ O   ❷ X 최초의 남북 정상 회담에서 합의한 내용을 담은 선언문은 6·15 남북 공동 선언이다.

초능력 평강퀴즈 ❶ 햇볕 정책 ❷ ①

1. 김대중 정부는 햇볕 정책을 통해 남북의 긴장 관계를 풀고자 노력하였다.
2. 박정희 정부는 7·4 남북 공동 성명을 실현하기 위해 남북 조절 위원회를 설치하였다.

초능력 Level up 문제

01 ①
02 ①
03 **예** 남북한에서 독재를 강화하는 도구로 활용되었다.
04 ③

01 박정희 정부와 노태우 정부 시기 통일 정책

정답 찾기

① ㄱ. 박정희 정부는 7·4 남북 공동 성명을 실현하기 위해 남북 조절 위원회를 설치하였다.
ㄴ. 노태우 정부 때 남북한이 유엔에 동시 가입한 뒤 남북 기본 합의서를 채택하였다.

오답 피하기

ㄷ. 김대중 정부 때 제1차 남북 정상 회담이 개최되었다.
ㄹ. 노무현 정부 때 10·4 남북 공동 선언이 발표되었다.

02 6·15 남북 공동 선언 발표 이후의 사실

자료 분석

제시된 자료는 김대중 정부 때 발표된 6·15 남북 공동 선언이다.

정답 찾기

① 김대중 정부는 통일 방안과 경제 협력 등에 관한 내용이 담긴 6·15 남북 공동 선언을 발표하였다. 이 선언에 따라 남북은 개성 공단 조성에 합의하였고, 노무현 정부 때 개성 공단이 완성되었다.

② 박정희 정부 때 유신 헌법이 제정되었다.

③ 노태우 정부 때 서울 올림픽이 개최되었다.

④ 장면 내각 때 박정희 등 일부 군인 세력이 5·16 군사 정변을 일으켰다.

⑤ 노태우 정부 때 한반도 비핵화 공동 선언이 채택되었다.

03 7·4 남북 공동 성명의 한계

7·4 남북 공동 성명 발표 이후 북한에서는 사회주의 헌법이, 남한에서는 유신 헌법이 제정되면서 7·4 남북 공동 성명은 남북한 독재를 강화하는 도구로 이용되었다.

04 7·4 남북 공동 성명이 발표된 시기

'서울과 평양에서 동시에 발표', '자주·평화·민족 대단결의 통일 원칙', '남북 조절 위원회 구성' 등의 내용을 통해 밑줄 친 '이 성명'은 7·4 남북 공동 성명임을 알 수 있다.

③ 박정희 정부 때 7·4 남북 공동 성명 발표 이후 유신 헌법이 공포되었다.

🐶 배운 내용으로 빈칸 채우기

09 최초의 평화적 정권 교체를 이루다

① 민주 자유당

② 역사 바로 세우기

③ 금융 실명제

④ 국제 통화 기금

10 다시 하나가 되기 위해, 통일을 위한 노력

① 7·4 남북 공동 성명

② 남북 기본 합의서

③ 햇볕 정책

④ 6·15 남북 공동 선언

6권을 끝까지 해낸 나의 소감 써보기

memo

memo